Paul Schüngel

Schule des Betens

Die Klage- und Dankpsalmen

KBW VERLAG

KBW Verlag Stuttgart

Stuttgarter Kleiner Kommentar

— Altes Testament 22/II —

Herausgegeben von
Gabriele Miller und Franz Josef Stendebach

ISBN 3-460-05222-8
Mit kirchlicher Druckerlaubnis

Lektorat: Martha Buck
Gesamtherstellung:
Feindruck Franz Pistotnik, 7016 Gerlingen, Dieselstraße 20

Inhalt

I. Die Psalmen — ein Lehrbuch des Betens

Das Buch der Psalmen ist ein Juden und Christen gemeinsames Gebetbuch, das in Jahrhunderten gesammelt wurde. Aber mehr noch ist das Buch der Psalmen ein Gebet*lehr*buch — es will zum Beten anleiten, indem es für die verschiedensten Situationen des Lebens und für alltägliche und festliche Anlässe *Gebetsformulare* bereitstellt. Von den vielen gottesdienstlichen und privaten Gebeten, die man in Israel benutzt hat, sind nur verhältnismäßig wenige im Psalmenbuch überliefert worden, es sind neben denen, die am beliebtesten waren, vorzugsweise die, die sich am meisten und für die meisten eigneten, zum Beten anzuleiten.

1. Kann man Beten überhaupt lernen?

Das Buch der Psalmen ist also ein Gebetlehrbuch. Aber kann man beten wirklich lehren, kann man es gar aus einem Buch lernen? Beides scheint höchst zweifelhaft, ja es gibt heute nicht wenige, die haben die Hoffnung aufgegeben, je beten zu können. Läßt sich beten lernen?
Ja, beten läßt sich lernen, aber es gehört einiges dazu! Nicht daß es intellektuell so schwierig wäre zu beten, eher das Gegenteil: vielen heutigen Menschen ist ihre in einem Beruf und Fach trainierte, in den täglichen Geschäften geübte Intelligenz eher ein Hindernis als eine Hilfe zum Beten. Das dürfte aber eher an der Einseitigkeit dieser intellektuellen Tätigkeiten liegen als an der sachlichen Unmöglichkeit des Gebets. Denn mit dem Beten ist es so ähnlich wie mit dem Leben: auch zu leben muß man ja lernen, mit all seinen Anforderungen und Dunkelheiten, und das ist sicher nicht zuerst eine Sache der Intelligenz. Leben zu lernen ist doch wohl eher eine Frage der Bereitschaft, Erfahrungen und Belehrungen anzunehmen und sich von ihnen verändern zu lassen. Sicher ist es ebenso mit dem Beten: es gehört dazu die Bereitschaft, Neues, Unerwartetes aufzunehmen und sich von ihm verändern zu lassen.

Die Verbindung von Beten-Lernen und Leben-Lernen reicht aber noch wesentlich weiter. Man kann nämlich beidem eigentlich nicht entgehen: Jeder muß lernen zu leben, und jeder, zu beten. Das erste versteht man leicht: Wer nicht lernt zu leben, sich nicht an bestimmte Aufgaben, Dinge und Menschen bindet und sich dadurch konkret beschränkt, dem zerrinnt das Leben zwischen den Fingern, der mag von Augenblick zu Augenblick vegetieren, aber der lebt nicht seiner selbst froh und bewußt. Wer aber nicht lernt zu beten, der verliert — sich selbst! Das ist den heutigen Menschen meist nur sehr unbewußt bekannt. Aber man sieht sofort, daß es wirklich so ist, wenn man statt des deutschen Verbs „beten" einmal die hebräischen Wörter dafür ansieht; das sind unter anderem: klagen, schreien, danken, loben, verfluchen. Das sind alles Lebenstätigkeiten, bei denen der Mensch ganz bei der Sache und zugleich ganz bei sich selbst ist. Es ist ein Zeichen seiner Lebendigkeit, wenn einer klagt, schreit, lobt oder auch flucht! Solches Tun gehört zum vollen Leben, vor allem zu einem Leben, das von sich selbst weiß. In diesem Sinne wird jeder, der zum bewußten Leben kommt, auch zum Beten kommen, nämlich als Klagen, Schreien, Danken, Loben und Verfluchen.

Der alttestamentliche Mensch hatte, anders als wir, keine Scheu davor, zu klagen, zu schreien, zu loben und zu verfluchen, und zwar laut und öffentlich! Wir sind da gehemmt, „von des Gedankens Blässe angekränkelt" und durch einen Lebensstil, der das Private betont, eingeengt; wir verdrängen unsere Leiden, Sorgen und sogar sehr viel von unseren Freuden und schaffen so den Ärzten und Psychologen Arbeit. Der alttestamentliche Mensch entlastete sich, er schrie und fluchte, er lobte und dankte. Aber er tat das nicht ins Leere hinein, er war sich bewußt, daß er vor Gott schrie und fluchte, lobte und dankte:

> Meine Stimme zu IHM — ich schreie,
> meine Stimme zu IHM — ich flehe.
> Ich schütte vor ihn meine Klage,
> meine Drangsal melde ich vor ihm:
> Wann in mir mein Geist verzagt,
> du bists doch, der meine Bahn weiß.

(Ps 142,2—4a nach M. Bubers Übersetzung)

Für diese Beter war Gott alle Dinge und Gegebenheiten umfassend da, ja über die Wirklichkeit aller Gegebenheiten hinaus mächtig und tätig. Den Menschen, denen wir die Psalmen verdanken, wäre es unsinnig erschienen, das Beten als etwas Besonderes, Frommes, vom Leben deutlich Getrenntes anzusehen, nein, ihnen war Beten ein Teil des Lebens, mehr noch: das Zur-Sprache-Kommen des Lebens. Sie wandten sich mit einem Selbstbewußtsein oder auch einer Naivität, die wir heute nicht mehr aufbringen, an dieses göttliche Du, um vor ihm — und manchmal auch gegen ihn! — ihr ganz konkretes Leben, Freude und Leid zur Sprache zu bringen.

Deshalb gehört zum Beten alles, was zum Leben gehört, das Danken ebenso wie das Klagen, das Loben ebenso wie das Verfluchen. So sehen jedenfalls die Gebete aus, die Israel uns überlieferte: da steht alles beieinander, was die Menschen bewegt, die Sorge um das tägliche Brot und die nächste Ernte, die Freude an Familie und Kindern, sehr häufig der mannigfache Ärger, den man mit Nachbarn, mit Feinden und mehr noch mit „Freunden" erlebt, die Sorgen um die Gemeinschaft, den Staat, den „König", schließlich, und wahrlich nicht zuletzt, die Bedrängnis durch Krankheit, Tod und Zweifel. All dies kommt in den Psalmen ungehemmt, ja oft scheinbar hemmungslos zur Sprache. Wer sich also auf die Psalmen einläßt, bekommt es mit dem Leben zu tun, mit einem vollen, vitalen Leben, das sich nicht scheut, auszusprechen, was im Leben los ist und was mit dem Leben los ist. Gerade damit aber haben wir Schwierigkeiten.

2. *Welche Schwierigkeiten gibt es beim Beten?*

Sieht man die Art und Intensität, in der man im alten Israel betete, so versteht man den Wunsch vieler Menschen, auch so beten zu können. In den letzten Jahren ist das Verlangen nach dem Gebet sehr spürbar geworden in einer geradezu modischen Nachfrage nach Übungen zur Selbstfindung, Meditation, Versenkung. Das Bedürfnis der Menschen nach Gebet und innerlich-persönlicher Sinnerfahrung wird heute jedenfalls nicht mehr so oft und billig lächerlich gemacht wie früher. Aber große Einwände und Schwierigkeiten beim Beten bleiben.

Eine erste Schwierigkeit ist eine bestimmte Erwartung auf Gebetserhörung. Manche glauben, ein Gebet müsse gleich und spürbar erhört werden, sei es, daß die Gebetsbitte erfüllt werde — etwa daß man eine Sache trotz mangelnder Kenntnis oder Sorgfalt gut macht —, sei es, daß man sich innerlich getröstet und gestärkt fühlen möchte. Hier liegt zweifellos so etwas wie technisches Erfolgsdenken vor. Hier werden Gebet und seine Erhörung als Hilfsmittel zur Lebensbewältigung mißverstanden: so wie die Tabletten des Arztes unsere Schlaflosigkeit, so soll das Gebet unsere innere Unruhe und eigene Fragwürdigkeit vertreiben. Manche Meditationstechnik, die auf dem Markt angepriesen wird, mag das versprechen, das jüdisch-christliche Beten aber versteht sich anders. Die Psalmen wollen Gott nicht verfügend beeinflussen, so daß die Dinge mittels des Betens irgendwie besser werden, sondern sie unterstellen den Beter der Verfügung eines Herrn, der in seiner Antwort frei bleibt. Nicht die Macht des Menschen über Gott, sondern die Erfahrung seiner Machtlosigkeit läßt ihn bitten:

> Du aber, Herr, halte dich nicht fern!
> Du, meine Stärke, eile mir zu Hilfe!
> Entreiße mein Leben dem Schwert,
> mein einziges Gut aus der Gewalt der Hunde! (Ps 22,20f)

Solches Beten richtet sich nicht an ein manipulierbares Gegenüber und ist nicht ein Mittel zum Leben, sondern richtet sich an einen souveränen, aber „freundlichen“ Hörer und ist selbst Lebensvollzug, der den Menschen ganz beansprucht. Hier wendet sich ein Ich (Wir) ganz und vorbehaltlos an ein Du:

> Hilf mir, o Gott!
> Schon reicht mir das Wasser bis an die Kehle. (Ps 69,2)

Darin liegt aber für den heutigen Menschen offenbar die eigentliche Schwierigkeit. Es fällt uns schwer, Gott als ein hörendes Du, als Person zu verstehen, ohne ihn zum Objekt, zum Gegenstand unseres Besprechens zu machen. Diese Schwierigkeit besteht, und sie erbaulich wegzureden oder moralisierend abzustreiten ist Unsinn. Aber sie besteht nicht erst seit heute — die alttestamentlichen Beter wußten von der gleichen Schwierigkeit! Der 139. Psalm beispielsweise hat zum Thema, daß Gott, dieses hörende Du, nicht bloß mir gegenüberstehendes Du, sondern der ist, der mich ganz umfaßt und mein Ich-Sein erst stiftet: Der, zu dem wir betend sprechen, ist zugleich der, der uns sprechen läßt:

> Noch liegt mir das Wort nicht auf der Zunge —
> du, Herr, kennst es bereits.
> Du umschließt mich von allen Seiten
> und legst deine Hand auf mich. (Ps 139,4—5)

Hier liegt also eine sehr alte und offenbar grundsätzliche Schwierigkeit vor, die freilich heute, unter dem Diktat des versachlichenden und technisch-verfügenden Denkens besonders kraß ist. Will man zum biblischen Beten kommen, ist sicher richtig, diese Schwierigkeit nicht zu leugnen, sondern bewußt aufzunehmen, möglichst im Gebet, zum Beispiel im 139. Psalm.

Eine andere Schwierigkeit ist womöglich noch größer. Wie soll man Gott trauen, ja verständig zu ihm beten, wo doch die Welt gar nicht nach dem Werk eines guten und wohlwollenden Gottes aussieht! Diese Schwierigkeit ist heute ebenfalls besonders kraß — durch das Handeln der Menschen! Der polemische Satz „Nach Auschwitz kann man nicht mehr an Gott glauben" übersieht erstens, wer in Auschwitz der Handelnde und zuerst Verantwortliche war, und zweitens, daß das Ausmaß dieses Verbrechens nur durch die technischen Errungenschaften der Verwaltung, des Transports und der Menschenvergasung möglich war. Nur das Ausmaß, kaum die Art menschlicher Bosheit und Verbrechen haben sich im Laufe der menschlichen Entwicklung wesentlich geändert. Deshalb ist diese Schwierigkeit der Bibel erst recht bekannt:

> So spricht der Herr:
> Wegen der drei Freveltaten der Ammoniter, wegen der vier
> nehme ich es nicht zurück:
> weil sie die Schwangeren von Gilead aufgeschlitzt haben,
> um ihr Gebiet zu erweitern. (Am 1,13)

Der Prophet Amos sieht den Krieg so schrecklich, wie er ist. Er gibt nüchtern und rational den politischen Grund an, warum die Ammoniter die Schwangeren von Gilead aufschlitzten, und ebenso nüchtern sieht er die Folgen dieser Politik voraus: die Vernichtung des Staates der Ammoniter, die Versklavung seiner Bewohner. Der biblische Glaube belastet die Menschen mit der vollen Verantwortung für ihr Handeln sowohl im privaten wie im öffentlich-politischen Bereich und erwartet, daß der „Gott der Vergeltung" (s. dazu die Auslegung zu Ps 58, S. 50) das Böse strafe und das Gleichgewicht der Dinge erhalte. Genau so sieht die Erzählung von der Sintflut den Stand der Welt: Eigentlich ist sie nur wert, in ihrer Bosheit zu ersaufen, es ist geradezu ein Beweis der göttlichen Güte und Treue, daß angesichts menschlicher Gemeinheit und menschlichen Größenwahns „Saat und Ernte noch nicht aufgehört" haben und die Erde noch steht (Gen 8,20—22). Freilich, diese „Gottesherrschaft" ist unsichtbar, für den Menschen kaum nachweisbar und stellt damit die Geduld jedes Beters auf eine harte Vertrauensprobe. Die Ungeduld, endlich den „Beweis" des Handelns Gottes zu sehen, bestimmt viele Klagepsalmen:

> Das ist mein Schmerz,
> daß die Rechte des Höchsten so anders handelt.
>
> (Ps 77,11; vgl. die Erklärung)

oder:

> Wach auf! Warum schläfst du, Herr?
>
> (Ps 44,24a; vgl. die Erklärung)

Auch die Beter der Psalmen litten unter dem „Schweigen Gottes", dieser Ohnmacht des Herrn, der doch alles erschaffen hat und befiehlt, aber seine Sonne scheinen läßt über Gute und Böse, Gerechte und Ungerechte (vgl. Mt 5,45). — Jedoch haben die Beter deswegen nicht resignierend auf das Beten verzichtet, sondern eben diese Not in Gebete gefaßt. Warum? Es gibt beim Beten doch gewiß nicht nur Schwierigkeiten, sondern auch berechtigte Erwartungen und Gründe der Ermutigung.

3. *Was darf man sich vom Beten versprechen?*

Will man sagen, was im gelingenden Beten eigentlich geschieht, dann darf man ruhig vom Menschen ausgehen, von dem, was ein Mensch ist, wie er verfaßt ist. Wir nennen den Menschen Person, das heißt, wir sehen ihn gesammelt in einem *Ich,* das verstehen und handeln will, und zwar beides zusammen: wir könnten den Menschen bestimmen als das Wesen, das verstehend handeln will. Wer sich so begreift, sieht sich für sein Verstehen und Handeln verantwortlich. Damit aber sind wir überfordert: wir verstehen nicht genug, um all unser Handeln verstehen und rechtfertigen zu können, wir handeln oft, ohne Wirkungen und Folgen dieses Handelns überschauen zu können. Erst recht übersehen und verstehen wir nicht die vielfältigen Beziehungen und Abhängigkeiten, in denen wir zu anderen Menschen, den Gruppen und den Dingen stehen: wir handeln falsch und fühlen uns falsch behandelt, verstanden — von den vielfältigen Bosheiten in und zwischen uns einmal ganz zu schweigen! Kurz gesagt: Wir sind nicht so und leben nicht so, wie wir sein und leben sollten. Aus dieser Grundsituation des Menschen ersteht als natürliche Folge der *Zweifel:* Wir zweifeln und deuteln an allem, vor allem daran, ob unser Verstehen, unser bemühtes Handeln, unser Leben schlechthin einen Sinn haben. Wir sind unsicher, und zwar grundsätzlich und immer, und sollten uns das ruhig eingestehen. Aber das können wir nicht, voreinander nicht und vor uns selbst nicht, dafür haben wir zuviel Angst.
Der betende Mensch teilt natürlich diese Situation mit allen Menschen, auch er steht in Unsicherheit, Angst und Zweifel. Aber er betäubt sie nicht durch ein blindwütiges Betriebmachen und Hetzen, und er fordert auch nicht von den Wissenschaften, diese Unsicherheit durch sicheres Wissen zu beseitigen, sondern er formuliert sie jenem göttlichen Du gegenüber, von dem er wenig weiß, aber viel erhofft:

> Du ließest mich viel Angst und Not erfahren.
> Belebe mich neu,
> führe mich herauf aus den Tiefen der Erde! (Ps 71,20)

So etwas zu tun ist keineswegs selbstverständlich. Natürlicherweise sucht der Mensch seine Unsicherheit, seine Lebensangst und seine Sinnzweifel selbst zu bekämpfen, im Gebet aber setzt er seine Hoffnung auf jenen anderen. Er wird dazu veranlaßt durch das Vorbild und die Ermutigung anderer, der Eltern zum Beispiel oder eines Freundes, die versichern, solches Tun sei sinnvoll und gut; er wird dazu veranlaßt durch das Gebet anderer, die vor ihm beteten, zum Beispiel durch die Psalmen. Der Beter ergreift so eine neue Möglichkeit, auf die er selbst und aus sich nicht käme.

Ob der Beter diese neue Möglichkeit aber wirklich oder nur scheinbar ergreift, entscheidet sich mit dem ersten Wort des Gebets, nämlich damit, wie *ernst* dem Beter die Anrede ist. Ob die Anrede „Mein Gott" oder „Du Hirte Israels" oder „Lieber Vater" heißt, ist dabei gleichgültig, entscheidend ist, mit welchem Ernst sich der Beter in diesen Worten ausspricht. Die theologisch sicher bedeutenden Unterschiede der Gebetsanreden sind unwichtig gegenüber der Grundentscheidung, ob der Beter wirklich sein Hoffen auf den Angeredeten setzt: nur dann ergreift er die angebotene Möglichkeit. Wo sie aber im Ernst ergriffen ist, da ist die Lebenssituation des Beters schon insoweit gewandelt, daß eine neue Beziehung und eine bisher unbekannte Hoffnung ins Leben getreten sind:

> Ich hoffte, ja ich hoffte auf den Herrn.
> Da neigte er sich mir zu und hörte mein Schreien.
> Er zog mich herauf aus der Grube des Grauens,
> aus Schlamm und Morast.
> Er stellte meine Füße auf den Fels,
> machte fest meine Schritte.
> Er legte mir ein neues Lied in den Mund,
> einen Lobgesang auf ihn, unsern Gott.
> Viele werden es sehen, sich in Ehrfurcht neigen
> und auf den Herrn vertrauen. (Ps 40,2—4)

Der Beter setzt seine ganze Hoffnung auf den angeflehten Gott, er nimmt in Anspruch, gehört (noch nicht erhört!) zu werden, und er erfährt die Annahme dieses Anspruchs: er weiß, daß sein Beten nicht ins Leere geht. Da aber der Beter sich ganz und mit vollem Ernst in die Anrede hineingibt, erfährt er das Gehörtwerden des Gebetes zugleich als Annahme seiner selbst. Er selbst in seiner an Sorge, Not und

Zweifeln reichen Lebenssituation sieht sich angenommen, dadurch „aus Schlamm und Morast gezogen" und auf festen Grund gestellt: der Grundzweifel am Sinn der Lebensbemühung ist aufgehoben. Der Beter erfährt, daß seine Lebensmühe nicht umsonst und vergeblich ist, daß das Ich und sein Bemühen um Verantwortung nicht leerer, eingebildeter Wahn sind. Die Entscheidung über den Ernst des Betens fällt beim einzelnen Beter und beim jeweiligen Gebet, aber die Folgen und Auswirkungen reichen weit darüber hinaus: der Beter *muß* seine Erfahrungen weitersagen und so andere zu gleichem Vertrauen und Gebet einladen.

Das alles geschieht in jedem Gebet, in das einer sich ganz hineingibt. Meist, aber nicht immer, geschieht noch mehr: Es geschieht, daß der Beter sich und seine Beziehungen zu den Menschen und Dingen besser erkennt und versteht; es geschieht, daß er ermutigt wird, etwas zu tun oder zu lassen, wozu ihm vorher Mut und Kraft fehlten; es geschieht, daß eine vorher erfahrene Enge sich auflöst und neue Aufgaben, Engagements und Pflichten sich auftun. Bisweilen, aber eher selten geschieht auch, daß das Erbetene bald oder später eintritt, daß ein Kranker gesund wird oder ein Geliebter zur Treue zurückkehrt. All dies nennen wir Gebetserhörung; als Gebetserhörung und nicht etwa als bloßer Zufall wird dies aber nur verständlich, weil der Beter den vollen Ernst seines Betens gehört weiß.

Damit ist wohl deutlich, wie Beten und Leben, Beten und Handeln innerlich zusammengehören. Der Beter lebt bewußter, ernster, getrösteter und freier. Uns selbst lernen wir im Gebet kennen, wir lernen richtiger einschätzen, wer wir eigentlich sind und was wir wirklich zu tun haben:

> Mach mir den Weg bekannt, den ich gehen soll,
> wenn ich (betend) mein Leben dir vortrage! (Ps 143,8b)

Gebet ersetzt nicht das Tun, sondern befreit und ermutigt zu engagiertem Tun; es macht durch die grundsätzliche Besinnung auf die eigene Situation und die Verantwortung des Ichs nicht nur sich selbst, sondern auch Gott gegenüber zu sehendem, sinntragendem und gutem Handeln fähig, aber auch dazu, Versagen und Mißerfolge ohne Entmutigung zu ertragen. Helmut Gollwitzer weist darum in seinem Buch

„Krummes Holz — Aufrechter Gang“ alle Lebenssituationen dem Gebet zu: „Gebet hat seinen Platz am Anfang unseres Tuns als Dank für unser Können, — in der Mitte unseres Tuns als Bitte um das Können wegen der Diskrepanz zwischen Sollen und Können, — an der Grenze unserer Möglichkeiten als Hilfeschrei nach den Möglichkeiten Gottes, — am Ende unseres Tuns als Bitte um den Segen angesichts der Unverfügbarkeit des Gelingens und der Wirkungen unseres Wirkens, — in der Erfahrung des Scheiterns als Bitte um Vergebung und Tröstung durch Gottes Bessermachen, — in der Erfahrung des Erfolgs als Dank, der den Hochmut verhindert und Freude ohne Angst ermöglicht“.

Schließlich wird deutlich, daß im biblisch inspirierten Gebet trotz aller offenbar berechtigten Verschiedenheit der Gebetsanreden und -anliegen, der Gebetsformen und -inhalte ein gemeinsamer Grundglaube tätig wird, den die Beter in allem Ernst und Einsatz vollziehen: der unbekannte, aber uns von Betern und Hörern bezeugte Gott ist ein Du, das uns ernst nimmt. Er ist niemandem fern, obwohl er oft als abwesend und unbegreiflich erfahren wird, nicht mir gegenüber, sondern innerlicher als mein Innerstes, in seinen Wegen mit mir und den Menschen oft unverstehbar und niemals nachprüfbar, aber doch von verläßlicher Treue:

> Lassen wir von deiner Weisung,
> hältst du uns fest;
> selbst wo wir fallen,
> fallen wir nicht aus deiner Hand.
> Mächtiger als das Böse von außen bist du,
> tiefer als das Verworrene im eigenen Innern:
> Von innen und außen hältst du uns umschlossen.
> Denn unbegreiflich ist deine Treue
> und deinem Erbarmen entkommen wir nicht!

4. Wie kommt man zum Beten der Psalmen?

Das Buch der Psalmen ist ein Gebetlehrbuch, als solches spricht es für sich selbst und hat sich durch die Jahrhunderte bewährt. Dennoch sind einige Hinweise nützlich und nötig.
Zum Beten gehört eine bestimmte Sammlung und Stille. Diese erreicht man nicht schon dadurch, daß man die Tür hinter sich zumacht und den Kopf in die Hand stützt. Bei bloß äußerer Ruhe jagen die Gedanken und Sorgen so durch den Kopf, daß man in zwei Minuten an zehn Sachen denkt, ohne daß man bei einer stillhalten kann. Solches Stillhalten ist aber nötig. Man kann es suchen, indem man sich ganz auf das Wichtigste, einen jetzt ganz Bedrängende einläßt, man kann es aber auch so versuchen, daß man ein Psalm- oder Dichterwort nimmt und es nachdenkend spricht und sich einprägt, bis es die eigenen Gedanken beherrscht. Hierzu braucht man Übung und Geduld — leider brauchen die in solcher Stille Ungeübtesten am meisten Geduld.
Zum Beten gehört weiter ein Zu-sich-Finden, ein ehrliches Aufdecken des eigenen Ich. Dazu brauchen wir in der Regel Intimität. Gemeinsames Beten ist heute ein seltener Glücksfall. Das ist nicht schlimm, weil uns das Alleinsein alles zu sagen erlaubt, aber schlimm, wenn der einzelne bei seinem Beten vereinsamt und ihm der Mut, sein Glauben und Hoffen vor Gott auszusprechen, ganz vergeht. Hier sind die Psalmen geradezu „Beweise“, daß viele andere auch beteten und noch beten; die Psalmen bezeugen die unsichtbare Gemeinschaft der Beter.

Das Zu-sich-Finden des Betens ist ein Sich-ernst-Nehmen. Das Gelingen des Gebetes hängt von diesem Ernst ab. In einer Notsituation, die uns an die Grenze treibt, ist dieser Ernst leichter aufzubringen als im Alltag, ja, dann ist er schon von selbst da, in diesem Sinn lehrt Not beten. Viele Klagepsalmen haben solche äußerste Not zum Thema, zum Beispiel der *Psalm 22*. Doch kann man eine solche Notsituation im Ernst nicht willkürlich herstellen. Hier hilft manchem, auf die Not anderer zu schauen — die Betroffenheit über die Not des anderen macht es oft leichter und ehrlicher, für den anderen zu beten als für sich allein. Die Psalmen kennen zwar die Fürbitte für andere nur in einem Fall, nämlich als Fürbitte für den „König“, aber viele Psalmen lassen sich leicht auf den anderen neben mir übertragen.

Schließlich und vielleicht am wichtigsten ist zu sagen, daß Beten weniger im Reden als im Hören besteht. Viele klagen, sie fänden nicht die richtigen Worte, und sicher ist die heutige religiöse Sprachscheu und Sprachlosigkeit ein großes Hindernis. Die Psalmen wollen Sprache bereitstellen, in der wir unsere Erfahrungen aussprechen können. Vor allem dank ihrer Bildhaftigkeit können uns die Psalmen diesen unschätzbaren Dienst leisten: sagbar zu machen, was wir sind und erleben. Dazu muß man das Wort der Psalmen genau nehmen, um es darauf abzuhorchen, wie es das sagt, was man selbst erlebt. Natürlich wird nicht jeder Psalm so zum Sprechen kommen; wenn es aber einer tut, sollte man ihn sorgsam auswendig lernen: man macht ihn sich so zu eigen und sich selbst durch ihn sagbar. Und wo einer sich Gott wirklich sagt und im Beten preisgibt, da hat er von den Psalmen die Verheißung, immer und überall gehört zu werden.

II. Die dichterische Form der Klage- und Dankpsalmen

1. Herkunft und Poetik der Psalmen

Die Psalmen haben ihren Namen vom griechischen Wort „psalmos", das im klassischen Griechisch „Saitenspiel", im biblischen Griechisch aber „Loblied" bedeutet. Dies ist vielleicht ein Hinweis darauf, daß die ursprüngliche Begleitung durch ein gezupftes Saiteninstrument, in manchen Fällen auch durch ein Orchester verschiedener Blas-, Zupf- und Schlaginstrumente (s. Ps 150) allmählich abgelöst wurde durch das bloße Rezitieren, ja stille Lesen der Psalmen. Im Hebräischen hat es zunächst keinen Sammelbegriff gegeben, der unserem Wort „Psalmen" entspräche, erst nach dem Abschluß der biblischen Sammlung kommt die Bezeichnung *t^{e}hillim,* das heißt „Preisungen", für das Psalmen*buch* auf.
Die Psalmen sind Kunstdichtungen mit Musikbegleitung. Auch die Psalmen, die uns den Eindruck unmittelbar-ursprünglichen Erlebens und Erleidens machen, sind Kunstprodukte. Man darf annehmen, daß in bestimmten Kreisen, vor allem bei den Tempelsängern, aber auch bei den „Weisen" das Verfassen und Verfeinern dichterischer Gebete systematisch geübt und betrieben wurde. Es gab lange Zeit eine ziemlich feste Tradition, wie man einen Psalm „macht", wie man Wahrhaftigkeit, Wirkung, Popularität und sprachlich-musikalische Schönheit zugleich erreicht. So entstand in lebhafter Diskussion der Kenner und Könner, natürlich auch der Priester und Theologen das heutige Psalmenbuch durch eine über längere Zeit gehende Auslese. Man darf darum bei den Psalmen nicht allzusehr nach der Person oder gar nach dem Namen des Dichters fragen. Viele haben nicht einen einzigen, sondern viele Dichter gehabt. Bei einer Litanei wie *Psalm 136* ist ohne weiteres klar, daß sie nicht von *einem* Autor stammt, sondern von vielen aus der Kultpraxis gebildet wurde, aber auch Psalmen wie *Psalm 69* und *Psalm 139,* die sicher einen bestimmten Autor mit sehr genauen theologisch-lehrhaften Absichten haben, stehen in einer festen Kunsttradition, die nicht bloß die äußere Form, sondern auch viele inhaltliche Momente und Formeln zur Verfügung stellte. In diesem

Sinne ist wohl die häufige Überschrift *l^e david* zu verstehen: es ist nicht (fiktive) Autorenangabe, sondern Gattungsbenennung: man stellte sich in eine bestimmte Tradition und schuf ein „Davidslied".
In ihren poetischen Stilmitteln unterscheidet sich die alttestamentlich-hebräische Dichtung unseres Wissens nicht von der altorientalischen, der ägyptischen oder babylonischen zum Beispiel. Unser wichtigstes poetisches Kennzeichen, der Endreim, kommt bisweilen ganz zufällig vor, gilt aber nicht als Stilmittel. Sehr gern dagegen benutzt man Klang- und Wortspielereien innerhalb des Verses; Wiederholungen, Stichwortverknüpfungen und Refrain sind häufig gebrauchte Gliederungsmittel. Systematischen Gebrauch macht man von der lehrerhaften, dem Gedächtnis aber sehr hilfreichen Methode, die Verse oder Strophen jeweils mit einem Wort nach den Buchstaben des hebräischen Alphabets anfangen zu lassen: die Psalmen 9—10; 25; 34; 37; 111; 112; 119 und 145 sind solche alphabetischen Gedichte. All diese Kunstmittel gehen in der Übersetzung natürlich verloren. Mit Sicherheit hat man auch eine Metrik und Verslehre gekannt, das heißt man hat betonte oder „schwere" und unbetonte oder „leichte" Silben oder Worte regelmäßig wechseln lassen, doch sind diese metrischen Regeln leider nicht mehr sicher zu rekonstruieren; nicht nur fehlen uns die ursprünglichen Melodien, sondern auch die ursprüngliche Aussprache und Betonung, denn die Vokale und damit Aussprache und Betonung der Wörter des biblischen Hebräisch haben erst die Masoreten, jüdische Schriftgelehrte, zwischen den Jahren 800 und 1000 nach Christus aufgeschrieben.
Das wichtigste poetische Stilmittel der Psalmen ist uns aber nicht nur genau bekannt, sondern bleibt glücklicherweise auch in einer guten Übersetzung erhalten: es ist der sogenannte Parallelismus der Glieder (parallelismus membrorum). Er bedeutet, daß zwei (oder mehr) aufeinander folgende Zeilen in einer engen Beziehung zueinander stehen. Die einfachste Form ist, daß die zweite Zeile mit neuen Worten *wiederholt,* was in der Zeile vorher gesagt wurde:

> Herr, strafe mich nicht in deinem Zorn,
> und züchtige mich nicht in deinem Grimm! (Ps 6,2)

Das Musterbeispiel hierfür ist *Psalm 114;* in *Ps 19,8—10* erscheint ein sechsfacher Parallelismus.

Sehr häufig und hebräischer Mentalität entsprechend ist der bildliche Parallelismus, in dem der Gedanke durch ein vorangestelltes (oder folgendes) Bild *veranschaulicht* wird:

> Wie der Hirsch lechzt nach frischem Wasser,
> so lechzt meine Seele, Gott, nach dir. (Ps 42,2)

Der Gedanke kann aber auch in der folgenden Zeile *ausgebaut* bzw. *weitergeführt* werden (synthetischer Parallelismus):

> So spricht der Herr zu meinem Herrn:
> Setze dich mir zur Rechten,
> und ich lege dir deine Feinde als Schemel unter die Füße.
> (Ps 110,1)

Schließlich gibt es den antithetischen Parallelismus, bei dem die zweite Zeile den Gedanken der ersten *umkehrend und im Gegensatz wiederholt:*

> Denn der Herr kennt den Weg der Gerechten,
> der Weg der Frevler aber führt in den Abgrund. (Ps 1,6)

Alle diese Stilmittel treten in immer neuer Abwandlung und in unterschiedlicher Form, Kombination und Kunstfertigkeit auf.
Ebenso wichtig für das Verständnis der Psalmen ist aber auch die Kenntnis der *Psalmengattungen.* Literarische Gattungen entstehen notwendig beim Gebrauch der Sprache; so schreiben wir zum Beispiel der äußeren *Form* und dem *Inhalt* nach an einen Händler, bei dem wir eine Lieferung beanstanden, ganz anders als an unsere Mutter, der wir einen versprochenen Besuch absagen müssen. Die verschiedenen Empfänger, die verschiedene Absicht und die verschiedene Lebenssituation — die Exegeten sprechen vom *„Sitz im Leben“* — ergeben hier ganz verschiedene Briefe, nämlich Briefe verschiedener Gattung. Ebenso ist es natürlich bei Gebeten: Je nach dem ursprünglichen Anlaß und Zweck ergeben sich ganz verschiedene Gebete. In diesem Bändchen werden nur die Klage- und Danklieder behandelt, zu den übrigen Psalmengattungen, siehe Gouders: Herr, öffne meine Lippen (SKK-AT 22, Band I).

2. *Das Klagelied des einzelnen*

Die hebräische Bezeichnung *t^{e}hillim* = Preisungen für das Psalmenbuch erscheint dem heutigen Leser seltsam, denn nur einen kleinen Teil der Psalmen würden wir heute so nennen, während mehr als ein Drittel, und zwar gerade die eindrucksvollsten Gebete uns genau das Gegenteil von „Preisungen" zu sein scheinen: es sind Klagelieder. Aber die biblische Erfahrung sieht die Dinge anders: Der Mensch, der seine Klage vor Gott bringt, der seine Enttäuschung und Not Gott vorhält, sei es klagend oder anklagend, anerkennt doch damit Gott, ja er lobt Gott. Jahwe ist der Herr aller Dinge, allen Geschicks, Jahwe bleibt Hoffnung in alleräußerster Not, deshalb heißt auch vor ihm zu klagen, ihn zu preisen.

Die größte Gruppe unter den Klageliedern ist die, in denen ein einzelner spricht. Zwar ist die Abgrenzung nicht immer ganz klar, in *Psalm 129* zum Beispiel ist das sprechende Ich sicher das Volk Israel, aber im allgemeinen können wir in den Ich-Klagen mit einem einzelnen Beter rechnen (individuelle Klagelieder). Ihr Thema ist mancherlei persönliche Not, besonders oft Krankheit, Bedrängnis durch Gegner und das eigene Schuldbewußtsein. Oft aber sind die Klagen so gehäuft und durch krasseste Bilder so gesteigert (z. B. im Ps 22), daß überhaupt keine reale Situation mehr hinter dem Psalm steht, vielmehr will das Klagelied ein *Formular* bieten für das Aussprechen aller möglichen, eventuell sehr innerlich-persönlicher Nöte. Dieser Formularcharakter macht es einleuchtend, daß die individuellen Klagelieder einen überraschend einheitlichen Aufbau haben:

Anrede		
mit Hilferuf:	Herr, strafe mich nicht ...	Ps 6
	Mein Gott, warum ...	Ps 22
Klage		
über das Ich:	... ich sieche dahin ...	Ps 6
zum Du hin:	Herr, wie lange säumst du?	Ps 6
über Feinde:	Wie lange noch darf mein Feind ...	Ps 13
Bekenntnis		
persönlich:	Ich aber baue auf deine Huld	Ps 13
als Glaubensbek.:	Gut und gerecht ist der Herr	Ps 25

Bitten		
um Zuwendung:	Sei mir gnädig, Herr ...	Ps 6
um Eingreifen:	... eile mir zu Hilfe! Entreiße ...	Ps 22
häufig mit *Erhörungsmotiven:*		
	Denn bei den Toten denkt niemand mehr an dich ...	Ps 6
Dankgelübde		
oder Bekenntnis	Dann bring ich dir freudig ...	Ps 54
der *Erhörung:*	Gehört hat der Herr mein Flehen ...	Ps 6

Die individuellen Klagelieder gehören ursprünglich in den Kult, dort waren sie mit Opfer- und Weihehandlungen, wohl auch mit Priesterzuspruch und -ermahnung verbunden (vgl. Hannas Gebet und Elis Zuspruch in 1 Sam 1,9—18). Wohl schon früh wurden sie aber auch außerhalb des Kultes gebetet, die späteren Dichtungen dienten ausschließlich dem privaten Gebet und dem Synagogengottesdienst. Im bekannten *Psalm 51* gibt es sogar eine deutliche Polemik gegen den Opferkult (V. 18f, siehe die Erklärung). Die Kultverbundheit eines Klageliedes ist also in jedem Einzelfall zu untersuchen.

3. *Das Klagelied des Volkes*

Deutlicher als bei den individuellen Klageliedern hat sich in den „Klageliedern des Volkes“ der Bezug auf eine konkrete kultische Situation erhalten; *Joel 1.2* geben eine gute Anschauung davon, wie man aufgrund einer aktuellen Not (Niederlage, Trockenheit, Heuschreckenplage und ähnliches) zu Bußgottesdiensten mit Fasten in Sack und Asche aufrief. Dabei betete man Klagelieder „zwischen Vorhalle und Altar“. Im Aufbau folgen diese Lieder durchaus dem individuellen Klagelied; bezeichnend für das Volksklagelied ist der Appell an Gottes Treue gegenüber seinem Volk und die leidenschaftliche Klage über die (meist) als unverdient empfundene Not:

> Warum dürfen die Heiden sagen:
> „Wo ist nun ihr Gott?“
> Laß kund werden an den Heiden vor unsern Augen,
> wie du das vergossene Blut deiner Knechte vergiltst! (Ps 79,10)

Es ist leicht verständlich, daß man in einer Notzeit alte Klagelieder zwar gern übernahm, sie aber wiederholt der neuen Situation anpaßte. Vor allem die Lieder, die sich auf Verlust bzw. Schändung des Tempels beziehen, sind mehrfach einer solchen Anpassung unterworfen worden. Die Volksklagelieder haben oft auch einen lehrhaften Zug, denn sie reihen gern dogmatische Aussagen über Gottes Treue und den Zusammenhang von Schuld und Strafe. Die politisch-moralische Wirkung der Volksklagelieder ist sicherlich groß gewesen, beim *Psalm 137* hat die politische Absicht den Psalm als Gebet überwuchert (s. dazu die Erklärung).

4. Dank- und Vertrauenslieder

Reine Danklieder sind im Psalter noch seltener als die nicht sehr zahlreichen Volksklagelieder. Danklieder des Volkes gibt es in den Psalmen weniger als ein halbes Dutzend, Beispiele sind etwa die *Psalmen 65* und *66*. Wie aber gerade diese Beispiele zeigen, steht das kollektive Danklied in Konkurrenz zu einer anderen, weit beliebteren Form, dem *Hymnus* (s. dazu SKK-AT 22, Band I). Die Volks- und Kultversammlung hat ihren Dank normalerweise im Hymnus ausgesprochen, eine andere Möglichkeit boten noch die *Danklitaneien* vom Typ des *Psalm 136*.

Individuelle Danklieder gibt es etwas häufiger, das Musterbeispiel dieser Gattung steht aber nicht im Psalter, sondern in *Jona 2*. Diese Danklieder haben ursprünglich einen festen Platz in der Liturgie: sie begleiten das Dankopfer des einzelnen. Entsprechend dem formularhaften Klagelied haben auch sie ein recht festes Formular:

Selbstaufforderung zum Lob
Begründender *Rückblick* auf die überstandene Not
Preisender *Bericht* über das Gebet (Gelübde) in der Not und seine Erhörung
Formel der *Gelübdeerfüllung* bzw. Gelübdeerneuerung
Allgemein-kultischer *Lobpreis*

Die Anlässe sind wie beim Klagelied sehr verschiedener Art und oft wegen des Formularcharakters noch weniger erkennbar als beim Klagelied. Wichtig ist noch, daß man die Danklieder viel besser Preis-

oder Loblieder nennen würde: nicht mit stiller Dankbarkeit, sondern mit öffentlich-preisendem Lob sagt der alttestamentliche Beter, was Gott für ihn getan hat. Die Grundaussage dieser Gebete ist nicht ‚*Ich* danke *dir* für ...', sondern ‚*Erzählen* will ich, was *er* getan: *Gott* ist ... *Gott* hat ...' Wir sprechen heute ein stilles „Danke", aber *wir* sprechen es, der Hebräer aber rühmte Gottes Taten „vor großer Gemeinde". Das gilt auch für die Klagelieder: viele enden mit überschwenglichem Lob und/oder dem feierlichen Gelübde, die erfahrene oder erhoffte Gebetserhörung laut *vor der Gemeinde* zu preisen. Sowohl die Dank- wie die Klagelieder kennen diese Verpflichtung, Gottes Hilfe öffentlich zu rühmen (Ps 22,23ff; 35,18 u. ö.), in dem weisheitlichen Danklied *Psalm 34* geschieht dieses Rühmen in der Form einer katechismusartigen Belehrung:

> Kommt, ihr Kinder, hört mir zu!
> Ich will euch in der Furcht des Herrn unterweisen.
> Wer ist der Mensch, der das Leben liebt
> und gute Tage zu sehen wünscht?
> Bewahre deine Zunge vor Bösem
> und deine Lippen vor falscher Rede!
> Meide das Böse, und tu das Gute;
> suche Frieden, und jage ihm nach! (Ps 34,12—15)

Die stille, im Verborgenen bleibende Dankbarkeit findet ihren Ausdruck im Vertrauenslied. Es ist die bevorzugte Gebetsform einer bestimmten Art Frommer, die sich selbst „die Stillen im Lande" (Ps 35,20) nennen. Auch die Vertrauenslieder sind oft lehrhaft, die Haltung der „Stillen im Lande" ist zum Beispiel im 131. Psalm programmatisch ausgesprochen; es ist eine verinnerlichte, bescheidene, zum Teil weltflüchtige Frömmigkeit. Der Wandel vom Loblied zum Vertrauenslied bezeichnet einen tiefgreifenden Wandel in der Auffassung vom Menschen und der Gemeinschaft und ihrer Beziehung zu Gott, die Vertrauenslieder sind „moderner". Man versteht diese Vertrauenslieder am besten als eine Spielart der individuellen Klagelieder, aus denen sie erwachsen sind. Zu dieser Gattung gehören einige der schönsten Psalmen, wie *Psalm 23,* der bis in die heutige Zeit zahlreiche Nachdichtungen gefunden hat.

Dem individuellen Klagelied (bzw. Vertrauenslied) ist ein großer Anteil an der Herausbildung einer individualistischen Frömmigkeit zuzuschreiben; ein noch größerer aber wohl der geistigen Bewegung in Israel, die man „Weisheit“ nennt: sie hat die Probleme des sich isoliert findenden und allein vor Gott stehenden einzelnen in der Gebetsdichtung thematisch aufgegriffen.

5. *Die klagende Weisheit*

Jedermann kennt und gebraucht auch heute noch eine gewisse Zahl von Sprichwörtern wie „Tue recht und scheue niemand!“ oder „Wer andern eine Grube gräbt, fällt selbst hinein!“ Diese heute noch geläufigen Sprichwörter sind die kümmerlichen Reste einer in der vorindustriellen Gesellschaft blühenden Lebenslehre, die sich in Sprichwörtern und Rätseln, in Märchen, Sagen und Liedern aussprach. Diese volkstümliche und oft drastische Lebenslehre gibt es bzw. gab es bei allen Völkern, besonders ausgeprägt aber bei den Völkern des Alten Orients, man nennt sie hier „Weisheit“. Ihre Träger sind ursprünglich ältere Männer und (oft auch) Frauen, die man wegen ihrer verständigen Einsicht, wegen ihrer aus langer Erfahrung stammenden Güte, Geduld und Urteilsfähigkeit gerne fragte und wegen ihrer treffenden, oft humorvollen Antworten gerne hörte:

> Drei sind es, die schreiten stattlich,
> und vier, die gehen stolz herum:
> Der Löwe, der Starke unter den Tieren, der vor keinem kehrtmacht;
> der Hahn, der bei den Hennen stolziert,
> der Bock, der die Herde leitet,
> und der König, der Volksreden hält. (Spr 30,29—31)

Oder:

> Der Schmelztiegel ist für das Silber und der Ofen fürs Gold;
> doch der die Herzen prüft, ist Gott (allein). (Spr 17,3)

Die treffende Einsicht, überlegt und überlegen formuliert, gab diesen Weisen ihre Autorität, nicht das Alter an sich, nicht ein Stand, ein

Amt oder eine Schule. Aber man hat solche Sprüche bald gesammelt und in den Schreibschulen zunächst als Übungsstoff benutzt; dabei hat man aber auch inhaltliche Bildungsabsichten gehabt: der fertige Schreiber sollte nicht nur die Schreibtechnik beherrschen, sondern auch in der Öffentlichkeit als ein Gebildeter und sprachlich Ausgebildeter auftreten können, er sollte womöglich selbst die Autorität eines Weisen haben. Mindestens an den Hofschulen kam noch der Unterricht in fremden Sprachen und damit der fremdsprachigen Weisheitsdichtung hinzu, und dabei gab es reichlich Anlaß zum Vergleich, zur Diskussion und Auswahl. Die ursprünglich volksnahe und situationsgebundene Weisheit im Sinne direkter *Lebensweisung* wurde durch diesen Schulgebrauch immer mehr zur akademisch-zeitlosen *Weltweisheit.*
Die Weisen standen natürlich auch in der religiösen Tradition ihres Volkes, und zwar gebend und nehmend. Sie übernahmen nicht einfach, sondern prüften und bauten aus. Sie trieben nicht Theologie um der Überlieferung und heiligen Lehre willen, sondern suchten eine praktische und gemeinschaftsorientierte Frömmigkeit zu fördern, zum Beispiel in *Spr 3,27—35.* Die echte Weisheit blieb dabei im Bereich der Erfahrung und wußte, daß vieles gar nicht zu wissen ist:

> Drei Dinge sind mir zu hoch,
> ja viere sind's, die ich nicht verstehe:
> der Weg des Adlers am Himmel,
> der Weg der Schlange im Felsgestein,
> der Weg des Schiffes mitten im Meer
> und der Weg des Mannes beim Weibe. (Spr 30,18.19)

Wenn daher im Buche Ijob die Freunde Ijobs genau wissen, wie Gott am Menschen handelt, wenn sie zu verstehen meinen, warum Ijob leiden muß, so zeigen sie eben damit, daß sie keine Weisen sind, sondern Dogmatiker, denen die Religion alle Rätsel gelöst hat und die daher vorweg alles wissen.

> Der Mensch in Pracht, doch ohne Einsicht,
> er gleicht dem Vieh, das man abtut. (G. von Rad) (Ps 49,21)

Ein wirklich Weiser wird nicht meinen und beanspruchen, mehr zu wissen als das, was er immer wieder gesehen und erfahren hat, und er wird Zustimmung nur so weit verlangen, als man selbst sehen und erfahren kann. Weil der Weise in seiner Erkenntnishaltung prüfend und auf die Realität bezogen bleibt, ist er gegenüber theologischen Lehren skeptisch, aber nicht abweisend. Eben dadurch wurden die Weisen in der religiösen Krisenzeit des babylonischen Exils und danach so wichtig. Man fragte sie, ja man bestürmte sie, was denn der Sinn des Lebens, vor allem all der Leiden sei. Wie soll man eigentlich leben? Die Weisen antworteten in vielen Variationen, doch mit einer Grundeinsicht: Gerecht und in Gottesfurcht zu leben allein ist richtig, denn das böse Tun bestraft sich und das gute Handeln belohnt sich selbst. Die Weisen lehren und halten es in der Erfahrung für immer neu bestätigt: Das ungerechte Verhalten, sei es leidenschaftlich-blind oder berechnend-eigensüchtig, straft sich selbst: es zerstört unweigerlich die unbefangene Lebensfreude, den vertraulichen Gemeinschaftsbezug und die Zuversicht in die Zukunft. Statt Freude an der Gemeinschaft und am Dasein vor Gott beherrscht Angst das Leben des „Frevlers". Das Leben des Gerechten aber ist zwar vor Leiden und Schicksalsschlägen nicht gesichert, wohl aber frei von dieser alles verderbenden Angst und dem alles Handeln bestimmenden Sich-durchsetzen-Müssen. Der Gerechte *kann* leben, nämlich sich genießend am Leben freuen.

Diese weisheitliche Auffassung vom Leben und der Verbindung von dem, was man tut und wie es einem ergeht, ist für das Alte Testament und besonders für viele lehrhafte Psalmen bestimmend geworden, sie gibt den Psalmen einen lebensnahen und praktischen Zug. Die Weisen suchen den Menschen in seinen praktischen Nöten anzusprechen und zu trösten.

Die beliebteste Sprachform, in der die Weisen lehrten, war der Spruch (hebräisch: *maschal)*, zum Beispiel in der Form der oben zitierten „Zahlensprüche". Weisheitliche Sprüche und Formeln finden sich überall in den Psalmen, besonders häufig mit der Einleitung „Wohl dem, der ...". Aber natürlich haben die Weisen auch andere Formen benutzt, unter anderem und besonders gern das Klagelied. Das hat einen leicht einsehbaren Grund: Besonders in und nach dem Babylonischen Exil war die Lage der alttestamentlichen Frommen oft sehr schwierig, und zwar sowohl wirtschaftlich wie geistig. Da war das Klagelied ohnehin schon angebracht. Vor allem aber bot das individuelle Klagelied die besten lehrhaften Möglichkeiten: An der Form des Klageliedes brauchte man gar nichts zu ändern, wenn man beispielsweise das Los des Mannes schildern wollte, den Frevel und/oder Unwissenheit ins Unglück bringen (z. B. Ps 32; 143). Ebenso konnte man den Gegensatz Frevler — Gerechter so anschaulich und wirkungsvoll zur Sprache bringen (z. B. Ps 12; 36); die beabsichtigte Lehre gaben dann die Sprecher, nämlich die Beter sich selbst. Vor allem aber konnte man im Klagelied das tägliche Leiden und die immer neuen Zweifel sehr wohl zur Sprache bringen und lehrhaft mit dem Trost, daß *Gott der Vergelter* ist, verbinden (z. B. Ps 94; 104). So entstand im Psalter der Liedtyp der „klagenden Weisheit“, gedanklich-lehrende, die Daseinsfragen des einzelnen aufnehmende Dichtungen. Sie bewegen und verändern zum größten Teil noch heute den Leser und Beter, denn sie bedenken im Gebet die menschlichen Grundnöte: das Ringen des einzelnen gegen die Angst, alles sei umsonst, und das Ächzen des Menschen, der unter mancherlei Gewalt und Unrecht stöhnt, nach dem Gott, der befreit. Man kann auch heute jeden Suchenden nur ermutigen, diesen Gebeten nachzusinnen.

III. Kurzerklärungen

Vorbemerkung

Da die verschiedenen Psalmenübersetzungen nicht unbeträchtlich voneinander abweichen, ist die Vorbemerkung nötig, daß die vorgelegten Erklärungen sich auf den Text der ökumenischen Bibelübersetzung „Die Psalmen“ beziehen (Katholische Bibelanstalt und Württembergische Bibelanstalt, Stuttgart 1971); zum Vergleich wurde Martin Buber, Das Buch der Preisungen (Fischer Taschenbuch Nr. 427) hinzugezogen. Der Umfang der Erklärungen sollte etwa der Bedeutung des Psalms entsprechen, doch ließ sich dieses Prinzip nicht immer ganz durchführen, da manchmal besondere Sacherläuterungen nötig waren. Das Schwergewicht wurde aber immer auf die theologische Deutung und Wertung gelegt.

Psalm 3

Er ist Klagelied des einzelnen Beters, ein Formular mit *typischem Aufbau:* Der gedrängten Schilderung der notvollen Lage (V. 2.3) folgt die Erhörungsbitte, die als schon gewährt (erfüllt) formuliert ist (V. 4.5). Um den jähen Wechsel von der Bitte zum Dank für die Erhörung (V. 5) zu erklären, nimmt man oft ein äußeres Eingreifen Gottes an (Gotteserscheinung, Orakelbescheid); das ist aber keineswegs nötig, verkennt sogar das Wesentliche des Betens: der Beter ringt um Gottes Gehör, und in diesem Ringen findet er Gehör — er kann also unmittelbar zum Erhörungsdank übergehen. Die Erhörungsgewißheit des Bittenden findet in Vers 6 und 7 zwei Bilder: das Bild vom wohl behüteten Schläfer und das vom schlachtenumtobten Kämpfer. Oft wurden die willkürlich gewählten Bild-Beispiele als Erzählung verstanden, so schon der alte, aber nicht ursprüngliche Vers 1, der sehr zu Unrecht (vgl. 2 Sam 15—18) hier eine Szene aus Davids Leben wiederfinden will. Auf eine letzte drängende Bitte (V. 8a) folgt eine Begründung; der Beter beruft sich auf frühere Erfahrungen mit Gott.

Der ansprechende, in seinen sprachlichen Mitteln schlichte Psalm ist vermutlich recht alt (vorexilisch).

Psalm 4

Ein Abendgebet für den einzelnen Beter, das ebenso Freude und Dank ausspricht wie Sorge und Leiden an Widrigkeiten: das Leben ist gemischt, täglich gibt es Grund zu danken *und* zu bitten. Die Bestimmung als Klage- oder Danklied ist unmöglich, denn der Psalm ist nicht nach dem Muster einer literarischen Gattung, sondern aus dem Leben entstanden. Freude erfährt der Beter in seinem Gebet; Gott, der Gerechte, schaffte ihm „Raum" (V. 2b), schenkte ihm größere Freude als Reichtum und Gewinn geben können (V. 8). Sorge und Leid schaffen ihm der unvermeidliche Umgang mit „Ellenbogenmenschen" (V. 3) und der offenbar nicht seltene Spott über das unmerkliche Handeln Gottes (V. 7a). Selbst machtlos gegen diese Umwelt verläßt sich der Beter ganz auf die Macht des ihm wohlvertrauten Gottes (V. 9), er wirft seine Sorgen auf ihn. Die Aufforderung zum „rechten" Opfer (V. 6) ist ein Ruf zur Besinnung (vgl. V. 5b) und Umkehr an die, denen der äußere Erfolg alles ist, denn deutlich versteht der Psalm die Gottesbeziehung als den größeren Reichtum (vgl. V. 8).

Psalm 5

Ein Morgengebet, das an den Kult, nämlich das morgendliche Opfer im Tempel, gebunden ist. Natürlich ist es nicht nur bei dieser Kultfeier gesprochen worden, aber von dieser Kultgebundenheit her hat es seinen überpersönlichen, lehrhaften, ja dogmatisierenden Inhalt.

Klarer, einliniger Aufbau:

2—4	Bitte und Situationsangabe
5a	theologisch-kultischer Lehrsatz, der
5b—7	in seiner negativen
8—9	in seiner positiven Auswirkung erläutert wird.

10.11 ist (parteiische) Beschreibung der Übeltäter und (kultischer) Fluch über sie,
12.13 der Segenswunsch über die Frommen.

Zu Jahwe, dem Gott des Rechts *siehe Psalm 143.*

Der Psalm könnte sehr wohl schon im vorexilischen Tempel gebetet worden sein.

Psalm 6

Das Muster eines Klageliedes, heute der erste Bußpsalm der Kirche. Ursprünglich war er aber nicht das Bußgebet eines einzelnen, der seine seelische Not klagt, sondern im Kult vorgetragenes „Drama" vom menschlichen Leiden und göttlicher Hilfe. Es handelt sich also nicht um den Bericht eines individuellen Schicksals, sondern um eine „Quersumme" menschlicher Leiden. Weil Wert und Sinn des Lebens ganz im Diesseits liegen, ist das Gebet so drängend und unbedingt. Alle Leiden (entstellende Krankheit, Schlaflosigkeit, Todesnähe, Verleumdung und daraus folgende Resignation) werden als „Zorn", als Ferne Gottes erfahren, nur Gott kann sie wenden. Das Kultlied versichert, daß Gott es nicht nur kann, sondern auch wirklich tut: es preist den Gott, der rettet, auch wo menschliches Hoffen versagt.

Psalm 7

In Bekenntnis und Lob spricht dieses kultische Lied aus, wann jemand nach durchschnittlicher alttestamentlicher Frömmigkeit „gerecht" ist. Vers 2—6 legt der Beter einen „Reinigungseid" ab: unter Drohung der Selbstverfluchung versichert er, daß er keine Schuld trägt. Vers 7—10 enthält in formelhaften Wendungen, wie Gott für den Gerechten, wie er für den Sünder ist; dieser lehrhafte Teil geht weit über das Persönlich-Individuelle hinaus. Vers 11f formuliert denselben Glauben persönlicher, Vers 18 als Dank. Dazwischen steht Vers 13—17 die alte Volksweisheit „Wer andern eine Grube gräbt, fällt selbst hinein". Der Psalm vereinigt ein naiv-sicheres Unschuldsbewußtsein und eine allgemeine Lebenserfahrung mit dem Glauben an die Weltherrschaft des Gottes, der Gutes lohnt und Böses bestraft.

Psalm 9/10

Die beiden Psalmen bilden zusammen ein „Akrostichon": Je zwei Verse beginnen jeweils mit einem neuen Buchstaben des hebräischen Alphabets. Diese uns künstlich anmutende Form war offensichtlich zu gewissen Zeiten sehr beliebt, erfunden wurde sie wohl von Lehrern, die das Alphabet als Gedächtnisstütze nutzten.
Der äußere Zwang der ABC-Form hat hier die innere Gedankenfolge verdrängt: der Psalm enthält in sehr lockerer Folge Einzelsprüche und Spruchgruppen; trotz der Ich-Form sind sie nicht als individuelle, sondern als allgemeine Erfahrungen und Aussagen anzusehen.

Psalm 11

Ein kleines, sehr klares und kunstvolles Lied, das aber im strengen Sinne kein Gebet ist: es fehlt die Gottesanrede, angeredet sind Menschen. Vor ihnen spricht der Psalmist sein Vertrauen auf Gott aus; der Psalm ist lehrhaft, nicht Bekenntnis einer individuellen Rettung.
Die Menschen — es sind Freunde, nicht Gegner! — raten zur Flucht, Vers 1b liegt wahrscheinlich ein Sprichwort vor. Die Verse 2 und 3 zeigen in Bildern der Jagd und des Erdbebens (oder ist das politische Chaos gemeint?) die Größe der Gefahr und Bedrohung und zugleich die menschliche Hilf- und Ratlosigkeit, daher der Schluß mit der unbeantwortbaren Frage.
Unmittelbar darauf folgt das preisende Bekenntnis der gerechten Macht Gottes — er ist der erhabene König-Richter, der den Gewalttäter mit Leidenschaft verabscheut. Gottes Gericht — im Bild des ausbrechenden Vulkans und sengenden Wüstenwindes vorgestellt — wird auf den Frevler herabgerufen. „Gottes Angesicht schauen" (V. 7) heißt, den Tempel besuchen und am Kult teilnehmen dürfen — der Psalm schließt also mit einem kultischen Glaubensbekenntnis.

Psalm 12

Ein Volksklagelied, das programmatisch die Verläßlichkeit des „Wortes Gottes“ der menschlichen Lügenhaftigkeit gegenüberstellt.
Stilgerecht beginnt das Lied mit der Klage, die das Thema nennt: es gibt keine Treue mehr. Treue ist die Grundvoraussetzung eines erfreulichen, „heilen“ Lebens — ohne Treue zu den Sachen und ohne treues Einhalten der persönlichen Bindungen und Verantwortungen ist das Leben vergiftet und quälend. Verlogenheit bestimmt dann die zwischenmenschlichen Verhältnisse, ja die Menschen werden selbst innerlich verlogen und gespalten (V. 3). Den Grund und zugleich die Konsequenz dieses Lügens nennt Vers 5 in wörtlicher Rede der Lügner, so daß diese sich selbst entlarven: die Lüge dient der Machtausübung, sie ist „kunstreich verwaltetes Mittel der Herrschaft“ (M. Buber), ihre zwingende Folge ist Unterdrückung (V. 6a).
Das Gegenbild wird Vers 6b mit der dichterisch-fiktiven Gottesrede eingeleitet: Gott „steht auf“, die Unterdrückung zu beenden. Dies tut Gott durch „sein Wort“ — gemeint ist damit die in Israel überlieferte Lebensweisung und entsprechende Lebensführung, die sich, weil vor Gott verantwortet, nicht bloß auf Durchsetzung des Eigeninteresses und auf die Machtausübung ausrichtet. „Wort Gottes“ ist hier noch nicht das kanonisierte Alte Testament, sondern ein Wissen um sachgerechtes Verhalten und menschliche Solidarität, das aus dem Glauben wächst und in Generationen sich bewährt hat (vgl. Ps 19,8f; 119,140). Nur wenige folgen dieser machtkritischen und befreienden Überlieferung (V. 8); unter den meisten Menschen herrscht, zu ihrem Schaden, eine andere Haltung (V. 9).

Psalm 13

Das Muster eines individuellen Klageliedes — doch ist auch hier, wie Psalm 6, nicht ein individuelles Schicksal zu finden, sondern überzeitlich das menschliche Leiden. Die vierfache Frage „Wie lange ...“ schildert dieses Leiden als fast unerträglich. Der leidende Mensch ist ungeduldig — Geduld ist diesem Psalm keine Tugend. Vers 4 bittet um ein hoffnungsvolles, frohes Leben, Vers 5 malt das befürchtete

Gegenbild, das den Feinden in wörtlicher Rede in den Mund gelegt wird. Das kultische Lied schließt mit einem Vertrauensbekenntnis (V. 6a) und Kultgelöbnis (V. 6b).

Psalm 14 (= Psalm 53)

Ein Volksklagelied wie Psalm 12, auch die Thematik ist gleich. Was Psalm 12 in eine kraftvolle Gegenüberstellung faßt, erscheint in diesen beiden Psalmen als eine Geschichte, und zwar eine Geschichte, die Gott selbst erlebt: Immer wieder erheben Menschen sich selbst zum Gott, verleugnen ihren Gott und Herrn und handeln allein aus eigensüchtigem Interesse — solches Handeln und Leben ist verderbend (V. 1). Gott selbst schaut aus, ob noch ein Mensch ist, der nach ihm, das heißt nach seinem Willen fragt — keiner ist zu entdecken (V. 2.3)! Wider alle Vernunft hält der abhängige, geschöpfliche Mensch sich für den Herrn (V. 4); weil er Macht hat, glaubt er, drücken und pressen zu dürfen. Aber er trifft eine Grenze: die Gerechten, das sind die, die wirklich nach Gott fragen und sich nach seinem Willen richten, widerstehen dem Drücken und Pressen der Eigensüchtigen, sie haben einen treuen Halt an Gott und seiner Lebensweisung (V. 6). — Der Schluß des Psalms (V. 7) schließt schlecht an, es ist eine kultische Segens-(Wunder-)bitte.

Psalm 16

Ein Vertrauenslied, in dem die Grundlagen alttestamentlicher Frömmigkeit ausgesprochen sind. Sie geht aus von der Bindung an den einen Gott, nicht als philosophischer Monotheismus (= Auffassung, daß es nur einen Gott gibt), sondern als Ausschließlichkeit eines Ich-Du-Verhältnisses (V. 12). Zusammen mit den „Heiligen", den „Gerechten" sagt der Beter dem Dienst jedes anderen Gottes ab (V. 3). Der Grund hierfür ist sein Anteil am Verheißungsland — er darf in wirtschaftlicher Sicherheit und persönlicher Freiheit auf eigener Scholle wohnen, das verdankt er Jahwe (V. 5f). Der Beter ist also (ursprünglich) grundbesitzender, freier Bauer. Der zweite Grund seiner Frömmigkeit ist, daß er sich wohlberaten sieht: er weiß aus der Jahweüberlieferung, wie man zu leben hat — und diese Lebensweisung stimmt mit seiner eigenen Überlegung überein (V. 7) — daher gibt es kein Wanken (V. 8). Nunmehr bestimmen ihn Zuversicht und die Erwartung langen Lebens (V. 9 — an Unsterblichkeit ist nicht gedacht). Der Beter weiß, wie man zu leben hat, diese Frömmigkeit ist Dankbarkeit, nicht Gebotsgehorsam.

Das Lied ist recht alt und sicher vorexilisch.

Die Verse 8—11 werden nach der vorchristlichen griechischen Übersetzung (der sog. Septuaginta) in *Apg 2, 25—28* und verkürzt in *Apg 13,35* zitiert. Vor allem Vers 10 bot den ersten christlichen Theologen Vorstellungen und eine Begründung an, womit man die Auferstehung Christi verständlich machen konnte.

Psalm 17

Das Klagelied eines einzelnen Beters, offenbar ein Abendgebet (V. 3.8.15).

Aufbau:

1	einleitende Erhörungsbitte, wie Vers 15 formelhaft
2—5	Unschuldsbekenntnis: sein Gebet und das an den Geboten geprüfte Gewissen bezeugen dem Beter, daß er gerecht ist und richtig lebt.
6—14	Reihe verschiedener Bitten, teilweise in ausdrucksvollen Bildern (V. 8.11f), um Bewahrung vor den spottenden Gegnern dieser frommen Lebensführung — Leuten, denen es allzu gut, verdächtig gut geht.
15	Schlußbekenntnis der Zuversicht Ungeklärt ist der Ausdruck „an deiner Gestalt". Erwartet der Beter Gottes unmittelbares Eingreifen in sein Leben oder gar eine Gotteserscheinung? Einleuchtender ist, man versteht Vers 15b als Steigerung zu 15a (vgl. Ps 11,7!): der Beter ist sicher, am nächsten Morgen den Tempel zu sehen und am Kult teilzunehmen.

Psalm 22

Ein Klagelied für den einzelnen Beter mit einem sehr kunstvollen Aufbau:

2—3	Ich-Klage: Gottesferne
4—6	Du-Strophe: Gotteserfahrung der Vergangenheit
7—9	Ich-Klage: gegenwärtiges Leiden am Spott der anderen
10—12	Du-Strophe: Angewiesenheit auf Gott von Anfang an
13—19	Ich-Klage: Bilder menschlichen Elends (Höhepunkt)
20—22	Du-Strophe: vertrauensvoller Hilferuf
23—26	Ich-Lob: Preis des rettenden Gottes
27—32	hymnisches Lob: zukünftiges weltweites Heil und Glück durch den König-Gott (Jerusalemer Tempeltheologie)

Der berühmte Psalm nimmt vor allem in seinen Ich-Abschnitten den Beter gefangen: eine solche Fülle verschiedenster Bilder für Not und Bedrohung bringen wohl jeden Leidenden dazu, sich in diesem Gebet wiederzufinden. Die eingeschobenen Du-Strophen und der abschließende Hymnus — letzterer uns sehr fremd — wollen dieses Sich-wieder-Finden des Betenden weiterführen, seinen im Leiden verengten Blick auf die Gemeinschaft der Leidenden ausweiten und auf den zur Hilfe fähigen Gott lenken. Nicht bloß um ein individuelles Schicksal, sondern um die Leiden und die Leidensfähigkeit des Menschen überhaupt geht es hier; Thematik, Aufbau und Sprachform (Stichwortbeziehungen, antithetischer Parallelismus) zeigen, daß es sich um Kunstdichtung im engeren Sinne handelt. Psalm 22 ist ein lehrendes, ja heilendes Kunstwerk, es will den einzelnen Beter durch sein Beten aus seinem Leiden herausführen und zu einem Glauben bringen, der Gott lobt und seine Macht vor der Gemeinde preist. So ist es zu verstehen, daß das unkultische „geistliche“ Lied mit einem Kulthymnus (eventuell übernommen?) schließt. Der Psalm ist spät entstanden, sicher nachexilisch.

Psalm 22 ist „der Hauptpsalm vom Leiden Christi“ (Luther). Die Evangelisten haben ihn zur Gestaltung und theologischen Sinndeutung der Leidensgeschichte Jesu ausgiebig zitiert, vgl. Vers 8 mit *Mt 27,39* und *Mk 15,29*, Vers 9 mit *Mt 27,43*, Vers 16 mit *Joh 19,28*, schließlich

Vers 19 mit *Mt 27,35*, *Mk 15,24* und *Joh 19,23f*. Vor allem aber legen *Mk 15,34* (und ihm folgend *Mt 27,46*) den Anfang des 22. Psalms dem gekreuzigten Jesus als letztes Wort in den Mund. Das hat sich kaum tatsächlich so zugetragen, vielmehr liegt eine theologische Erklärung des Leidens Jesu vor: Nicht die physischen Schmerzen und nicht die Erstickungsnot des Aufgehängten machten das eigentliche Leiden Jesu aus, sondern die unverstehbare und abgründige Erfahrung des Ausbleibens der Hilfe Gottes — des Gottes, für den Jesus sich voll eingesetzt hatte, den er Vater nannte und mit dessen Willen er sich bisher aufs engste eins wußte. Von diesem Gott seines Vertrauens sieht er sich verlassen und leidet so die Not des Verlustes des Vertrauens und des Sinnes, der das bisherige Leben trug — wohl die größte Not, die beim Menschen möglich ist. Eben deshalb benutzen die Evangelisten diesen Psalm so intensiv, sie wollen sagen, keine denkbare menschliche Not könne ärger und bedrängender sein als das Leiden des gottverlassenen Jesus am Kreuz.

Psalm 23

Ein für den einzelnen Beter bestimmtes Vertrauenslied, das ein starkes, das Leben tragendes, aber keineswegs naives Gottvertrauen überzeugend ausspricht. Drei Bilder werden kunstvoll ineinander übergeführt: Jahwe ist guter und wegweisender Hirt, er ist schützender Begleiter des Wanderers, er ist großzügiger Gastgeber. Das zweite und vor allem das dritte Bild werden lehrhaft zu abstrakten Metaphern verlängert (Stab als Zuversicht — Becher als Hulderweis — Gastmahl als Weilen im Tempel). Die Bilder sind geläufig und aus dem damaligen täglichen Leben wohl bekannt, einmalig ist ihre Darstellung und die Art ihrer Verbindung.

Psalm 25

Alphabetisches Gedicht (außer V. 22) wie *Psalm 9/10*, siehe die Erklärung dort. Das Lied enthält, überwiegend in der Ich-Form des Klageliedes, einen kleinen „Katechismus“: häufige Gebetsanliegen, Sündenbekenntnis, Glaubensformeln und weisheitliche Redensarten (V. 12f) wechseln miteinander, eine logische innere Reihenfolge gibt es nicht. Wahrscheinlich ein später, nachexilischer Psalm.

Psalm 26

Ein Beispiel altisraelitischer Kultfrömmigkeit, wahrscheinlich sogar ein offizielles Kultlied. Die Ich-Form des Klage- und Vertrauensliedes hindert nicht, daß man es gemeinsam gesungen hat.
Alttestamentliche Frömmigkeit besteht nicht bloß im Halten der Gebote („ohne Schuld" V. 1), sondern im tiefen Vertrauen und den ganzen Menschen erfassender Hingabe (V. 1b.2). Der Fromme weiß, was er Gott verdankt, die „Spötter" wissen es nicht (V. 4f). Zur Frömmigkeit gehört auch die Teilnahme am Gotteslob und Opfer der Gemeinde. „Lohn", besser erhoffter Gewinn dieser Frömmigkeit ist das lange, sinnerfüllte und sichere Leben (V. 9.12). Zum sozialen Gegensatz Frommer-Frevler vgl. *Psalm 35*.

Psalm 27

Zwei verschiedene Lieder, Vers 1—6 ein Vertrauenslied, Vers 7—14 ein Klagelied, anzunehmen ist nicht nötig: im gottesdienstlichen Gebrauch gehört beides zusammen. Denn trotz seiner Ich-Form ist der Psalm ein Kultlied, das mit dem priesterlichen Zuspruch Vers 14 schließt.

Aufbau:

1.2	Gottesprädikationen, aber als Ich-Bekenntnis, dazu
2.3	Beispiel in dichterisch-übertreibenden Bildern
4	übertreibende Bitte um Kultteilnahme, dazu
5.6	Begründung: Übertreibende Beschreibung des Segens des Kultes
7.9	flehentliche Bitten, dazu
8.10	Vertrauensgründe, vom Beter selbst vorgebracht
11.12	Bitte um Bewahrung in Anfechtung, dazu
13	Vertrauensäußerung
14	Zuspruch des Priesters

Viele Wendungen des Psalms sind sehr altertümlich, wahrscheinlich liegt aber eine nachexilische, sich an alte Vorlagen haltende Neudichtung vor.

Psalm 28

Ein geistliches Lied, der Form nach ein individuelles Klagelied mit zahlreichen konventionellen Motiven, das aber zu einem eigenartigen, überindividuellen Schluß kommt. Die anfängliche Bitte um Hilfe und das Bekenntnis des Endes der Gottesferne gehen in Fluchbitten gegen die Gegner über. Offenbar wird die Gottesferne darin erlebt, daß die Gegner und Spötter erfolgreich und mächtig sind, während Gott sich nicht „beweist". Vers 6—9 setzen nun einen solchen Selbsterweis Gottes als geschehen voraus und drücken den Jubel darüber aus. Dieser Selbsterweis wird im politischen Bereich erwartet, ein bestimmtes Ereignis aber nicht genannt. Komposition und Erwartungen des Psalms weisen in eine späte Zeit, zur Theologie vgl. besonders *Psalm 143*.

Psalm 30

Ein Danklied, das dem Kult (dem Dankopferritual?) entstammt und öffentlichen Vortrag verlangt (Aufforderung an die Kultteilnehmer V. 5, belehrender Rückblick für die Mitfeiernden V. 7f). Das Lied enthält eine Lehre vom menschlichen Leben. Der Psalm veranschaulicht prägnant zwei Aussagen: Der Mensch hat Grund zu danken, denn Gott ist ihm gut, ist sein Retter — durch ihn erst wird das Leben zum Fest. Aber der Mensch ist auch bedroht, von außen durch Gegner, Krankheit, Tod, mehr noch von innen durch Überheblichkeit und dem Wahn, seines Glückes mächtig und sicher zu sein. Das meisterliche Lied ist Muster einer Kultbelehrung, die die Beziehung zu Gott als Mittelpunkt bewußten menschlichen Lebens ausweist.

Psalm 31

Ein Klagelied, in vielem *Psalm 22* ähnlich, doch in Aufbau und Bildwahl viel schwächer; ein gottesdienstliches Gebet mit durchweg konventionellem Sprach- und Gedankengut.

Drei Gruppen von Bitten:

2—7 Bewahrung vor Not, besonders vor religiöser Anfechtung, daher am Ende das (indirekte) Unschuldsbekenntnis

10—14 Bildreihe der menschlichen Hinfälligkeit

17—19 Bitte um religiöse Festigung und Bestätigung

Zwei Unterbrechungen:

8.9 Dankliedformel

15.16 Vertrauensliedformel

Lehrhafter Schluß:

20—24 mit starker Formmischung. Die Aufforderung Vers 24 (Chorschluß) beweist den kultischen Charakter des Liedes: Sein Vortrag soll die Gemeinde zu festerem Glauben und größerem Vertrauen bewegen.

Psalm 32

Ein Weisheitslied, eine lehrhafte Dichtung über Schuld und Vergebung. Kultische Verwendung beim Sündopfer ist möglich, aber nicht sehr wahrscheinlich.

Der Psalm besteht aus Rahmen und Mittelteil. Der Rahmen beginnt mit dem doppelten Weisheitsspruch „Wohl dem ..." (V. 1.2), er schließt mit der Aufforderung zur gemeinsamen Freude (V. 11). Wo Schuld vergeben und damit neuer, unbelasteter Anfang möglich wird, ist Grund zur Freude. Der Mittelteil ist zweiteilig: Auf drei gleichlange Strophen, die jeweils mit dem (bisher unerklärten) Ruf „Selah" abgeschlossen werden (V. 3—7) folgt eine längere, auch im Versmaß andere Strophe. Die „Ich-Strophen" Vers 3—5 sind beispielhaft gemeint: sie erzählen eindrucksvoll, wie der Schuldige sich windet und quält, bis er Vergebung findet. Vers 6.7 ziehen daraus den lehrhaften Schluß, den Vers 8—10 noch einmal als persönliche Mahnung entfalten. Das lehrende „Ich" ist wohl der Priester oder Weisheitslehrer, nicht Gott — doch hat man in Israel diese Unterscheidung wohl kaum gemacht: der treffende, befreiende Spruch des Priesters oder Lehrers wurde ganz selbstverständlich als Gottes Rede und Weisung aufgefaßt.

Psalm 35

Das Klagelied eines „Stillen im Lande" (V. 20b), das ist des Typs des nicht nach Einfluß und Ansehen trachtenden Frommen. Er sieht sich verschiedenen Anfeindungen ausgesetzt. Die Bilder, zum Beispiel Jahwe als Kriegsheld Vers 1—3 sind grandiose Übertreibungen, tatsächlich geht es offenbar um täglichen Rechtsstreit und dörfliche Auseinandersetzungen, die aber deshalb als so schwerwiegende Bedrohungen erscheinen, weil die (früher) noch geübte Sippensolidarität (V. 13f) dahin ist (V. 11f.15f). Der Beter fühlt sich isoliert, er versteht die Dinge nicht mehr (V. 19), die Gegner sind ihm mit Worten und im Ausnutzen der jeweiligen Situation überlegen. Für den Typ dieses Frommen wird eine solche soziale Lage zum Krisenfall: Er weiß sich des Gotteswillens und seiner Rechtschaffenheit sicher, damit ist die Krise eine Krise der „Bewahrheitung" seiner Frömmigkeit (Übersetzung M. Bubers zu V. 27). Die Frage „Wie lange noch" Vers 17 ist also die Frage eines Menschen, der um die bisher sichere Sinngebung seines Lebens bangt. Der Verfasser des Psalms hat Jeremia und Klagelieder benutzt. Vgl. *Psalm 120.*

Psalm 36

Ein Weisheitslied, nämlich eine betrachtende und belehrende Gegenüberstellung des Dünkels und der Hemmungslosigkeit der Frevler (V. 2—5) auf der einen und des Glaubens und Betens der Frommen (V. 6—13) auf der anderen Seite. Dem religiösen Gegensatz Frevler-Frommer entspricht wie in *Psalm 35* ein sozialer.

Der Psalm beginnt kühn mit einer wörtlichen Rede des Frevlers, in der dieser sein Leben deutet und die Richtschnur seines Handelns aufdeckt. Natürlich ist dies nicht eine wirkliche Rede des Frevlers — er wäre ja zu dieser Erkenntnis der eigenen Situation gar nicht fähig —, sondern sie wird ihm vom Frommen in den Mund gelegt und ist aus der Sicht des Gläubigen gesehen (gleiches Verfahren in *Röm 7, 13—25!).* In ihr spricht sich der Frevler selbst das Urteil: „Ich bin entschlossen zu bösem Tun". Der Frevler macht sich zu seinem eigenen Herrn, er handelt und lebt allein um seiner selbst willen; er kennt „kein Erschrecken vor Gott", das heißt keinen Richter; er kennt keine „Weisheit", das heißt keine Bindung an das überlieferte Herkommen. Deshalb muß, wie Vers 3—5 darlegen, sein Handeln gemeinschaftsgefährdend und unheilbringend sein. Mit Vers 6 beginnt die Darlegung der anderen Lebensweise: der Fromme erläutert seine Haltung, er legt den Grund seines Handelns offen, dieser Grund heißt mit einem Wort „Gott". Deshalb folgt in einem (vielleicht zitierten) Hymnus das Lob Gottes, nicht wie er ist, sondern wie er für die Menschen, ja die ganze Schöpfung da ist. Der Weise erkennt in der Einrichtung der Welt, in ihrer alles menschliche Begreifen übersteigenden Ordnung und Gerichtetheit der Dinge aufeinander die „Güte", „Gerechtigkeit" und „Treue" Gottes (V. 6.7, vgl. *Ijob 38,4ff).* Entsprechend redet Vers 8 nicht priesterlich vom Geborgensein im Tempel, sondern weisheitlich von der alle Menschen und Tiere bergenden Huld Gottes (vgl. *Jona 4,11);* ebenso ist Gottes „Haus" Vers 9 nicht der Tempel, sondern die Welt: die Aussage, daß alle sich am Überfluß der Welt laben können, ist sehr kühn angesichts einer Gesellschaft, die nicht durch Überfluß, sondern durch elementaren Mangel gekennzeichnet ist. Vers 10 ist der Höhepunkt des Hymnus: bei Gott ist die Quelle des Lebens, denn er ist der Ursprung alles Lebendigen und selbst der Lebendigste (vgl. *Ps 94,9).* Vers 10a ist ein weisheitlicher Rätselspruch; sicher ist, daß mit „Licht" einmal das natürliche Tageslicht gemeint ist und einmal ein inneres Licht, eine Erkenntnis. So könnte man verstehen: Durch das, was wir im hellen Tageslicht sehen, kommen wir zur Einsicht in die Schönheit und Güte der Welt und damit der Huld und Treue ihres Schöpfers, wohl besser aber umgekehrt: Durch die (dem Frevler fehlende) Glaubenseinsicht vom gütigen und huldvollen Schöpfer wird uns das Tageslicht erst etwas Erfreuliches und Sinnvolles. Jedenfalls

ist der Vers eine Spitzenaussage, vgl. noch *Psalm 19,9* und besonders *Psalm 119,105*.
Mit dem Hymnus rechtfertigt der Beter seinen vertrauenden Glauben an die umfassende Huld Gottes, aber er vergißt nicht rauschhaft seine eigene notvolle Situation. Darum folgen Vers 11.12 zwei Bitten: die Huld des Schöpfers ist nicht verfügbar, sie will erbeten werden; das persönliche Schicksal des einzelnen ist unsicher und kann auch nicht von ihm selbst gesichert werden, darum fleht der Weise um die Hilfe Gottes. Vers 13 gibt zugleich den Grund (Motiv) und die Hoffnung dieser Beter an: Gottes gute Ordnung möge bleiben, das willkürliche, eigensüchtige und zerstörerische Handeln der „Frevler" aber nicht.

Psalm 38

Das Klagelied eines Kranken, sehr ähnlich *Psalm 35*. Es handelt sich um den gleichen Typ des Frommen, wie dort muß man mit Übertreibungen bei den Bildern rechnen (z. B. V. 11b.14f), wie dort ist der Beter „ohne Grund" gesellschaftlich isoliert. Anders aber ist die theologische Auffasung des Leidens: die Krankheit wird als Gottesstrafe für begangene Sünden — gleich welcher Art — verstanden. Gott gegenüber weiß man sich schuldig und nimmt Strafe hin, den Menschen gegenüber weiß man sich unschuldig und protestiert gegen Verleumdung und Isolierung (V. 19—21).

Psalm 39

Ein Weisheitslied, das über den Stand des Menschen vor Gott belehrt, eine der anspruchsvollsten Dichtungen des Psalters. Der jähe Wechsel von der persönlichen Ich-Aussage zur verallgemeinernden Man-Aussage (V. 6.12) ist gattungstypisch. Möglicherweise liegt (ursprünglich) Strophenbau vor.

Vers 2—6: Ein erster, vorläufiger Rat des Psalms ist, zu schweigen. Viel zu reden, über andere, auch über Feinde zu urteilen, zeugt nicht von Weisheit. Aber der Weise kann (und soll!) nicht das Grübeln und

Nachdenken lassen, es ist eine unbezähmbare Leidenschaft. Die drängendste Frage dabei ist, was es mit dem Ende des Menschen auf sich hat, was eigentlich mit dem Menschen los ist. Die erste Auskunft ist: nicht viel! Der Mensch ist nur ein Hauch!

Vers 7—12: Die erste Antwort wird ausgeweitet. Der Mensch soll sich nicht so wichtig nehmen — aufs Ganze gesehen ist keiner wichtig! Noch unsinniger ist das „Raffen" — andere haben den Gewinn davon! Bittere Resignation wäre das einzige, was dem Menschen bliebe — gäbe es nicht den Gottesbezug. Vor Gott ist jeder ein einmaliges „Du" — der Gottesbezug, das Urteil und Walten des ganz unbedingten Gottes ist allein wirklich entscheidend für Glück und Unglück. Der Verfügung Gottes hat man sich zu beugen (V. 10) — und zugleich protestiert man dagegen (V. 11)! Der Mensch hat kein Recht Gott gegenüber, außer einem: er darf und soll bitten.

Vers 13.14: Der Mensch ist nur ein Gast, ja ein Fremdling auf Erden. Das Glück und auch Gott sind ihm zwar nicht unbekannt, aber fremd, jedenfalls nicht zu eigen. Nichts bleibt, als zu diesem Gott, auch wenn Schlimmes von ihm kommt, zu rufen: Nur der Gott, der Entbehrung und Schmerz schickt, kann auch Oasen des Glücks und der Heiterkeit schenken.

Psalm 40

Der zunächst sehr wirre Psalm klärt sich, wenn man sieht, daß erstens die Verse 14b—18 als *Psalm 70* noch einmal im Psalter überliefert sind, zweitens in Vers 8b.9 eine Versmaß und Bildlichkeit zerstörende Erweiterung vorliegt. Die einfachste Erklärung hierfür ist folgende: Vers 14b—18 sind ein eigener individueller Klagepsalm, der durch das Weisheitslied Vers 1—12 und Vers 13 kommentiert wird. Die Ergänzungen in Vers 8.9 stammen von späterer, schriftgelehrter Hand.

Der (möglicherweise recht alte) Klagepsalm Vers 14b—18 bittet in stereotypen Wendungen um die „Rechtfertigung" vor den Feinden; Unglück und Leid gelten als Gottesstrafe und „Beweis" der Sünde,

der Fromme bittet daher im Kult (V. 17) um seine Rechtfertigung, damit er immer bekennen kann: „Groß ist Gott, der Herr!"
Dieses Kultlied wird nun Vers 2—12 lehrhaft kommentiert. Die Lehre beginnt mit einer Rettungserzählung — kein individuelles Bekenntnis, sondern eine Geschichte, die erzählt, was eigentlich im ernsten Gebet geschieht (s. Auslegung in Teil I. 3; S. 11), und die im Gotteslob mündet: Gott tut Gutes und macht damit den Menschen zum dankbaren Verkünder, der bei anderen Glauben weckt — so die sehr schlichte Theologie der Verse 2—4. Vers 5.6 fahren im Stil der Weisheitsrede fort: Gott, der Verläßliche, mehr noch der Wundermächtige ist zuverlässiger Helfer. Vers. 7—11 lehren, prophetische Kultkritik aufnehmend (vgl. z. B. *Jes 1,11; Jer 6,20; Am 5,22)* was man tun soll: Gehorsam und (öffentlich-kultisches) Bekenntnis sind Gottes Wille. Vers 8.9 hieß ursprünglich wohl nur:
So sag ich denn: Siehe, ich komme, deinen Willen zu tun!,
woran sich 10a als zweiter Halbvers anschloß. Die Einfügung ist wohl eine schriftgelehrte Verdeutlichung: Bekenntnis und Gehorsam gelten jetzt dem geschriebenen Gesetz, der Buchrolle, sie ist jetzt Gottes Wille. Vers 13.14a ist vom Kommentator als Überleitung zum übernommenen Klagelied gedacht.

Psalm 41

Ein Weisheitslied, das über das rechte Verhalten gegenüber dem „Schwachen" belehren will. Stilgemäße Einleitung mit „Wohl dem..." wie *Psalm 32.* Es beginnt Vers 2—4 mit einem lehrhaften Teil, Vers 5—13 sind dazu das veranschaulichende Beispiel im Stil des Klageliedes. Der Schlußvers (13) ist wie in *Psalm 11,7* ein Bekenntnis zur Macht Gottes und eine Vertrauensäußerung, „auf immer" (d. h. noch lange) am Tempelkult teilnehmen zu dürfen.
Die Moral dieses Psalms ist einfach und ganz auf das praktische Leben bezogen: „Schwach", nämlich krank, hilfsbedürftig und auf Rechtsschutz angewiesen kann jeder werden, dann braucht man das Verständnis und die Hilfe anderer. Der Starke soll im eigenen Interesse helfen und sich des Schwachen annehmen, denn er könnte bald in der gleichen Lage sein.

Vers 14 gehört nicht zum Psalm, sondern ist Schluß des ersten Psalmbuches, das David zugeschrieben wird.

Psalm 42/43

Die durchgehende Klage und der Kehrreim 42,6.12; 43,5 zeigen, daß es sich um einen einzigen Psalm handelt, allerdings ist Psalm 43 offenbar schon früh allein gebetet worden.

Ein Klagelied eines einzelnen Beters, das in bewegten Bildern und beispielhaften Erinnerungen das verlorene Glück der Kult- und Festgemeinschaft im Jerusalemer Tempel beklagt. Kult und Tempelfest waren vielen Höhepunkt, ja geradezu Rechtfertigung des religiösen Lebens, ihr Verlust bringt in eine schwere Glaubenskrise: Wie der Hirsch über dem ausgetrockneten Bachlauf, so „dürstet" der Beter nach dieser Glaubensbestätigung (V. 2—5); wie eine plötzliche Flut bedrängen ihn verschiedene Schwierigkeiten, ja sie schlagen ihm „über dem Kopf zusammen" (V. 7—11); unter „tückischen" und „treulosen" Menschen (offenbar keine Heiden, vgl. auch V. 11!) sehnt er sich zurück nach der ihn tragenden Kultgemeinschaft (43,1—4). Der dazwischen stehende Refrain 42,12b ist eine Selbstaufforderung zur Geduld, es ist die Maxime eines „Stillen im Lande" (vgl. *Ps 35*).

Einmalig in den Psalmen ist die Ortsangabe in 42,7 — aber dies ist wohl kaum der Entstehungsort, sondern eine fiktive Angabe: ein Ort am Rande Israels. Der Psalm könnte vorexilisch sein.

Die dichterische Qualität des Psalms spricht für sich, theologisch aber bedarf er einer unterscheidenden Kritik: Gewiß bedarf der Glaube des einzelnen der Ermutigung durch die Gemeinschaft mit anderen Glaubenden, gewiß ist die Freude an Fest und Kult berechtigt, aber die Bindung der Glaubensbestätigung und der Erfahrung der Gottesnähe an einen bestimmten Ort und bestimmten Kult wird schon im Alten Testament selbst kritisiert — offenbar handelt es sich hier um Jerusalemer Sondertheologie.

Psalm 44

Ein Volksklagelied für Kriegszeiten, das wahrscheinlich mit wechselnden Rollen („Ich" in V. 5.7.16) beim Gottesdienst vorgetragen und bei Gelegenheit mehrfach erweitert und an neue Situationen angepaßt wurde; die letzte Überarbeitung erfolgte wohl erst zur Makkabäerzeit. Aufbau:

2—4 Prolog: Trost und Stärkung des Vertrauens durch die Erinnerung an die (dogmatisch dargelegte) Landnahme, zugleich Erinnerung Gottes an seine früheren Zuwendungen.

5—9 Vertrauenslied, begründet mit den „Rettungen" Vers 2—4.

10—17 Klagelied mit zum Teil übertreibenden Notschilderungen, Kern des Psalms.

18—23 Unschuldsbeteuerung, schließend mit der vorwurfsvollen Klage Vers 23.

24—27 Stürmische Hilferufe, wahrscheinlich der urtümlichste Teil des Psalms.

Psalm 51

Das Klagelied eines einzelnen Beters, eindrucksvollstes Bußgebet des Psalters.

3—7 Einleitende Bitte um Vergebung, Anerkenntnis der eigenen Schuld.

8—14 Bitte um Einsicht und Vergebung, um die Treue Gottes und den neuen Geist.

15—19 Gelübde des Gotteslobes und der Treue des Menschen — Verwirklichung der Gottesbeziehung durch das neue, ganz andere „Opfer".

(V. 20.21: ein späterer Nachtrag, wohl aus der Zeit des Mauerbaus Nehemias, um 440, schwächt V. 18f ab — wie V. 1.2 ein früher Kommentar!)

Was der Mensch tut, wird in Vers 3b.4 Abtrünnigkeit (M. Buber), Frevel, das ist Aufstand gegen das Richtige, und (belastende) Schuld genannt. Der Sünder wird Gott und dessen Willen zum Guten abtrünnig, er verfehlt — willentlich oder unwillentlich — das Gute, aber auch, was er selbst sein kann und soll, vor allem bringt der Sünder sich unter eine unerträgliche Last. Der Psalmist betont sowohl das Willentliche, ja Mutwillige der Sünden (V. 5) wie auch das Schicksalhafte, Unentgehbare des Sündigens und Unterlassens (V. 7 in einer kühnen dichterischen Übertreibung — die kirchliche Lehre von der Erbsünde ist hier nicht gemeint, wohl aber eine vergleichbare Sache!). Die Situation des Sünders ist ausweglos; das Beste, was der Mensch erreichen kann, ist die Einsicht in diesen Zustand (V. 5.8), ihn zu ändern vermag er nicht. Gott allein kann ihn ändern, nicht durch wunderbare Verwandlung, sondern indem er den sündigen Menschen annimmt und ihm immer neu vergibt. Dies „löscht" die Sünde — sie hebt ihr Geschehensein nicht auf, aber Gottes Vergebung befreit von ihr und ermöglicht neuen, unbelasteten, aber reiferen Anfang (V. 10), sie gibt einen neuen, „willigen" Geist (V. 12.14), das heißt eine Gesinnung und einen Mut, der das Leben samt dem Gottesverhältnis neu begreift und aufgreift.

Dieses Neue ist Tat Gottes, ja Schöpfung Gottes aus dem Nichts: Vers 12 verwendet das im Alten Testament für Gottes Handeln reservierte Verb *„bara'"* (erschaffen). Es ist *Gottes* Initiative, die dem Menschen Mut zum Leben gibt, es ist *Gottes* Vergebung, die das Leben überhaupt sinnvoll und froh macht, es müßte sonst unter der Last der Vergangenheit, unter der Zahl der Verfehlungen und Versäumnisse ersticken (V. 16 — „Blutschuld" ist ursprünglich alles, was nach dem Sippenrecht dem Tode verfallen macht). Nichts, gar nichts kann der Mensch anbieten, damit Gott ihm vergebe — Gott vergibt ganz ungeschuldet, aus reinem Erbarmen (wörtlich „Mütterlichkeit", „Bergen im Mutterschoß") — der Beter appelliert darum an die „Huld" Gottes (V. 3). Der auch dem Sünder freundliche Gott — der Gott, der das verirrte Leben annimmt, wird nur an wenigen Stellen im Alten Testament so deutlich. Der Psalmist ist sich bewußt: er weist Sündern *den* Weg (V. 15). Auch für sich selbst sieht der Psalmist einen neuen Weg, nämlich ein neues Gottesverhältnis. Der Gott, der den Sünder freundlich annimmt und ihn ungeschuldet begnadigt, ist ein ganz anderes, neu erlebtes Du: ihm kann man sich vorbehaltlos hingeben und überlassen. Nicht mehr Mittel und Mittler zwischen Gott und Mensch, wie Priester, Opfer und Kult schaffen die Gotteserfahrung, sondern die Zerknirschung und Wiederaufrichtung des Menschen im Gebet (V. 18. 19). Dem personhaft-begnadigenden Gott entspricht eine persönliche, vom Kult emanzipierte, sich Gott hingebende und ihm trauende Frömmigkeit. Dieses sich im Psalm 51 selbstbewußt aussprechende, ganz persönliche Gottesverständnis hat in Vers 20.21 schon früh Kritik und Abschwächung erfahren.

Psalm 52

Ein Weisheitslied über die Gefahren des Reichtums und der Macht einerseits und den Segen der Frömmigkeit andererseits. Der wohl aus der Kultbelehrung stammende Psalm will überzeugen, daß Gott die „Gerechtigkeit" auch und gerade im Alltag wiederherstellt. Ähnlich wie in *Psalm 14* ist die Lehre kunstvoll dramatisiert: Vers 3—6 sind eine Scheltrede, die im Drohwort Vers 7 und dem Spottlied Vers 9 gipfelt. Solche Redeformen waren im Alltag Israels jedermann aus dem Gerichtswesen bekannt, auch das abschließende Selbstlob und der öffentliche Dank Vers 10.11 sind damals geläufige und völlig unanstößige Redeformen.

Psalm 53

Siehe die Erklärung zu Psalm 14.

Psalm 54

Ein kurzes Bittformular für den einzelnen Beter, der (im Tempel) sein Anliegen vorträgt, es endet mit einem Opfergelübde. Der Psalm, der inhaltlich vom Beter je nach der eigenen Lage ausgefüllt werden muß, zeichnet sich trotz dieses Formularcharakters durch eine kräftige, treffende Sprache aus.

Psalm 55

Der Form nach Klagelied eines einzelnen Beters, inhaltlich eine geschickt dramatisierende Nachdichtung zu *Jer 9,2—9*. Der offenbar schriftgelehrte Dichter hat die Klage Jeremias in ein liturgisches Klagelied umgeformt, seine Kunstfertigkeit zeigt er in der Reihung schnell wechselnder, zum Teil etwas melodramatischer Szenen; seine eigene Situation zeigt sich am ehesten in Vers 21ff: Er wirft seinen Gegnern vor, daß sie schön reden und damit Schlimmes bewirken, vor allem aber, daß sie „Gottes Bund profanieren" — das heißt doch wohl, daß sie nicht als heilig gelten lassen, was dem Dichter heilig ist. Es scheint also primär um theologisch-schriftgelehrte Streitigkeiten zu gehen.
Der Psalm ist sehr schlecht überliefert, mehrere Textstellen sind ganz unsicher. Die Umstellung des Priesterzuspruchs Vers 23 an den Schluß wie in *Psalm 27* ist berechtigt.

Psalm 56

Ein Trostlied für den im Alltag geplagten und an Kummer reichen Frommen; sein Trost ist das zweimal aufgeführte Vertrauensbekenntnis Vers 5 = Vers 11.12. „Gottes Wort" — offenbar eine feste, geschriebene heilige Größe — gibt dem Beter die Sicherheit, im Recht zu sein, die anderen freveln, also wird Gott sie strafen (V. 8). Die persönlichen Gegner und alltäglichen Schwierigkeiten erhalten dabei ebenso eine phantastische Dimension wie das als gegenwärtig beschriebene Heil Vers 14.

Psalm 57

Ein Trost- und Danklied des geplagten Frommen, beim Kult (Morgenopfer?) gesprochen, auch im Aufbau *Ps 56* sehr ähnlich (Kehrvers V. 6 = V. 12). Der Psalm besteht fast ganz aus gängigen Formeln, die dem Tempelkult (z. B. V. 2b.3.8—10) und der sprichwörtlichen Weisheit entstammen (z. B. V. 7). Vers 8—12 sind auch in *Psalm 108* gewandert.

Psalm 58

Ein Weisheitslied (kein „Ich"!), das den Rechtswillen Gottes in unbedingter, prophetischer Weise herausstellt: kein anderer Psalm erreicht solche politisch-kritische Schärfe, kaum einer betont so sehr Gottes Herrsein *in der Welt*.

In Vers 2.3 werden die Mächtigen, die Herrschenden angesprochen. Der hebräische Text bezeichnet sie als *'elim* — wörtlich: „Götter". Das ist nicht mythologische Redeweise, sondern derber Spott: die Mächtigen spielen sich als Götter auf, aber man darf nicht fragen, was sie leisten! Vers 3 stellt in prophetischer Scheltrede fest: die Mächtigen erfüllen nicht den von Gott gesetzten und von ihnen beanspruchten Auftrag, für Recht zu sorgen, sondern sie handeln eigennützig und ausbeuterisch; sie bahnen nicht dem Recht, sondern dem Unrecht den Weg. Vers 4—6 beschreiben ihr Tun: von Anfang an sind sie ihrem Auftrag abtrünnig, nie gehen sie gerade Wege, was sie reden ist immer von ihrem Interesse verdreht. Sie sind gefährlich wie Schlangen und — schlimmer noch! — sie sind taub wie diese. Ihnen gegenüber nützt kein Argumentieren! Vers 7—10 rufen darum das gewaltsame und erbarmungslose Ende der Herrschenden herbei, nicht als Appell, zu den Waffen zu greifen und die Revolution durchzusetzen, sondern als Appell an Gott, Gericht zu halten, daß endlich den „Göttern" ihr Recht werde: völlige Vernichtung. Diese Vernichtung beschreibt eine Reihe von Bildern, die sich in ihrer Derbheit und wohl beabsichtigten Scheußlichkeit steigern. Leider ist Vers 10, das letzte Glied der Bildreihe, so schlecht überliefert, daß eine auch nur einigermaßen sichere Lösung nicht möglich ist.

Der lehrhafte Schluß sieht dieses Gericht Gottes schon am Werk. Die „Götter" genießen nicht, was sie erreichen — wenn sie es überhaupt erreichen! Wer nicht blind für das Recht ist, der „nimmt Vergeltung wahr" — und zwar täglich und immer wieder. Die Freude daran wird als recht anerkannt. Solche Erfahrung lehrt die Menschen „Weisheit": Unrecht und Böses zu tun trägt seinen Lohn in sich — wer Wind sät, erntet Sturm! Darum schließt der Psalm mit dem Glaubensbekenntnis: „Es gibt einen Gott, der Gericht hält *auf Erden!*". Gott wird hier nicht als himmlisches und jenseitiges Wesen geglaubt, sondern als der mächtige Herr, der das Recht auch des Schwachen und das allen Menschen Gute will und darum den, der eigennützig Unrecht tut, auf unheimlich-undurchschaubare Weise sich selbst zugrunde richten läßt.

Psalm 59

Ein Trostlied für den bedrängten Frommen, ähnlich *Psalm 56,* doch deutlicher als dieser für den gottesdienstlichen Gebrauch bestimmt: Die Hilfe für den Beter ist zugleich Hilfe für das Volk (V. 6.9.14b); „Gott der Heerscharen" (V. 6) ist eine altertümliche Gottesbezeichnung, die ursprünglich mit der Lade und später mit dem Tempel verbunden war; schließlich legt die wiederholte Bezeichnung Gottes als „meine Burg" die Beziehung zum Jerusalemer Tempelberg nahe. Der Gottesdienst und der persönliche vertrauensvolle Glaube sind die Hoffnung des Beters gegenüber den Verfolgern, die sehr drastisch mit den im Alten Orient halbwilden, streunenden Hunden verglichen werden. Der gedanklich sehr locker gefügte Psalm weist einige kunstreiche Eigenheiten auf, zum Beispiel werden Vers 2.3 die Feinde in einer vierfachen Steigerung benannt, ähnlich in Vers 4 die eigene Unschuld. Vers 10 und 18 sind wohl absichtliche Wiederholungen, ebenso Vers 7 und 15 — so entstehen vier etwa gleichlange Abschnitte.

Psalm 60

Ein Volksklagelied. Nach einer militärischen und politischen Katastrophe — sie wird mit einem Erdbeben (V. 4) und dem die Vernunft raubenden Rausch (V. 5) verglichen — ruft die kultische Gemeinde um Rettung: das „Wir" des Volkes ist die durchgehaltene Größe; sie werden zwar jetzt bestraft, sind aber grundsätzlich geliebt (V. 7). Daher kann man rhetorisch fragen, wie lange der wahre Helfer, der sicherste Bundesgenosse sich noch entzieht (V. 12f). Der Psalm schließt mit einem Glaubensbekenntnis. Eingeschoben ist Vers 8—11. Vers 8—10, in Versmaß und Sprache deutlich vom übrigen Psalm unterschieden, ist ein Heilsorakel: Mit dem Munde und in der Autorität Gottes wird der nationale Anspruch Juda/Jerusalems auf die Grenzen des davidischen Großreiches erhoben. Es handelt sich hier offenbar um Jerusalemer Tempel- und Königstheologie. Vers 11 ist nicht sicher erklärbar.

Psalm 61

Der kleine Psalm scheint wie ein Vexierspiel: Nach Vers 3 ist der Beter fern von Jerusalem und ihm scheint unmöglich, daß er auf den Tempelberg gelangt — nach Vers 4—6 ist er im Jerusalemer Tempel. Vers 2f formulieren ergreifende Klagen, Vers 9 redet von Freude und Dank. Vers 7f ist eine Fürbitte für den König, scheint also in die Königszeit zu weisen, die Selbstbenennung „die deinen Namen fürchten" aber ist spät, weist also in die königslose Zeit nach dem Exil. Hier ist wohl sehr verschiedenes Gut kombiniert worden, auch scheinen Vers 2—5 und Vers 6—9 zwei „Strophen" zu bilden, die durch einen Kultakt („Gelübde") getrennt waren. Die Fürbitte für den König ist konventionell-rituelle Floskel, die auch nach dem Exil denkbar ist.

Psalm 62

Ein Weisheitslied, ein kunst- und lehrreiches Gebet, das Gottvertrauen weckt, in die Gelassenheit einweist und eine Freude der „Stillen im Lande" (vgl. *Ps 35*) ist.

Dreigliedriger Aufbau:

2.3 „Motto", dazu Vers. 4.5 erstes Gegenbild
6—8 erweitertes Motto, dazu Vers 9 Volksbelehrung und Vers 10.11 zweites Gegenbild
12 abschließender Zahlenspruch

Das Motto nennt Gott im persönlichen Bekenntnis die einzig sichere, Ruhe verschaffende Stütze — er allein ist *der* Halt. Das erste, noch persönlich gefaßte Gegenbild schildert bildhaft, wie bedrohlich, aber auch wie unverläßlich und unsicher die dem Frommen feindliche Umwelt ist; das zweite Gegenbild ist an die Volksbelehrung Vers 9 angeschlossen und singt im lehrhaften Stil das alte weisheitliche Lied von der Vergänglichkeit des Menschen und dessen, was er erwirbt. Abschluß ist ein in der Weisheit beliebter „Zahlenspruch" (vgl. *Spr 6,16f; 30,15ff)*, der dreierlei von Jahwe bekennt: seine unbesiegbare Macht, seine „Huld", das ist hier sein Wille zur Gebetserhörung für den Frommen, und seine Gerechtigkeit der Vergeltung in dieser Welt.

Psalm 63

Ein Danklied für den einzelnen Beter, zugleich ein Lehrgedicht über das Glück der *chesed* (Freundlichkeit, zuvorkommendes Wohlwollen, Huld) Gottes. Zwischen dem Beter und Gott besteht eine sehr enge personale Bindung, die sich sprachlich im dauernden Wechsel von „ich" und „du" ausdrückt.

Der Psalm beginnt im Stil des Klageliedes mit der Gebetsanrede „Gott, mein Gott" (vgl. *Ps 22)*, dem betont das *„dich* suche ich" folgt. Die Bindung an den personhaft erkannten Gott ist so groß, daß sie nicht nur zwingend ist wie der stärkste Trieb, der Durst, sondern sogar das Eigentliche des Lebens ausmacht:

> „Denn deine Huld ist besser als Leben".

Dieser bekannte Vers will aber keineswegs einen Gegensatz zwischen „Huld" und „Leben" lehren, wohl aber, daß ein Leben ohne „Huld" nicht wert wäre, gelebt zu werden.

Vers 5ff wechselt ins Danklied über, ohne den belehrenden Zug aufzugeben. Das Gottesverhältnis ist die eigentliche „Speise" des Lebens, das Nachdenken darüber „auf nächtlichem Lager" die grundlegende Freude des Beters; er hat vieles, ja alles Gott zu danken, er fühlt sich von Gott ganz geborgen und festgehalten (vgl. *Ps 139)*. Hämische und ihn benachteiligende Gegner können ihn darin nicht irre machen, sie werden ihren Lohn schon empfangen — diese Überzeugung (V. 10.11) teilt der Beter mit der Weisheitsdichtung. Der Psalm schließt mit einem Gebetswunsch für den König; aber nicht um politische Erfolge des Königs, sondern um Einsicht für ihn wird gebetet. Wie der Beter selbst möge sich der König Gottes freuen! Einem solchen König sich anzuschließen und zuzuschwören ist gut, ein solcher König wäre zugleich eine Bestätigung der Frömmigkeit des Beters gegen die Spötter.

Psalm 64

Ein Weisheitslied, das das Vertrauen in die diesseitige Vergeltung Gottes stärken will. Höhepunkt sind Vers 10.11: Programmatisch wird der Mensch zur Furcht vor Gottes Walten im Lauf der Dinge und zum Nachdenken über den Lauf der Dinge aufgefordert. Das ist „Weisheit“ und zugleich Gotteslob und Gottesdienst. Die Grundüberzeugung dieser „Weisheit“ erzählt Vers 2—9 in einer dramatischen und gerade dadurch tröstlichen Geschichte: die schlauesten Anschläge und abgefeimtesten Bosheiten gehen fehl, schlagen auf die Urheber zurück, denn das Böse belohnt sich selbst nur mit Bösem (vgl. z. B. *Spr 10,1ff)*. Solche im Leben, im Betrachten des Laufs der Welt immer wieder bestätigte Weisheit ist dem „Gerechten“ Grund zur Freude am Leben und Anlaß zur Dankbarkeit gegenüber dem Herrn des Lebens.

Psalm 67

Ein Erntedanklied, kultisches Danklied des Volkes bei festlicher Gelegenheit. Beginn mit dem gekürzten Zitat des Aaronitischen Segens *(Num 6,24ff)*, der möglicherweise in der Vollform auf den Psalm folgte. Das festlich-überschwengliche Lied hat zwei Gedanken: nach dem Willen Jahwes gab „das Land“ (gemeint ist natürlich Israel) seinen Ertrag, der das Leben für ein neues Jahr sichert (V. 7.8a). Wichtiger ist der zweite Gedanke: nicht nur Israel, sondern alle Völker sollen dem Gott Israels danken, denn er ist der Herr der ganzen Erde, er ist der Herr aller Nationen (V. 5). Dieser dogmatisch sicher richtige Satz hat in diesem Psalm aber einen gefährlich nationalistischen Klang: Jahwes Walten über die Natur soll alle Völker zur Anerkennung und zum Dank führen; damit wäre dann die Anerkennung des Vorrangs Israels verbunden. Gegen diese national-religiöse Verbindung, zu der der Kult neigt, wendet sich schon im Alten Testament die prophetische Kritik.

Psalm 69

Das Klagelied eines einzelnen Beters aus der ersten nachexilischen Zeit (vgl. V. 10.36) um das Jahr 430 mit folgendem Aufbau:

2—5	emphatischer Notschrei (unbetonte Ichform)
6—7	Erhörungsbitte und -motiv (betonte Duform)
8—13	Klage (unbetonte Ichform)
14—19	vertrauensvolle Erhörungsbitte (14—16 betonte Ichform, 17—19 betonte Duform)
20—29	Verhalten der Gegner (Beginn mit sehr stark betontem Du)
30—34	Gegenbild: der Gottesdienst des Beters (Beginn mit sehr stark betontem Ich)
35—37	Schlußhymnus (Er-Stil)

Die Situation des Beters kann man nicht aus den Bildern Vers 2—5 entnehmen: der Beter ist nicht an Leib und Leben bedroht, noch weniger von Schlamm und reißendem Wasser zugleich. Die Situation des Beters ergibt sich aus dem Gegensatz, den Vers 20—34 schildern. Die Gegner bringen Opfer dar, vor allem halten sie reichliche Opfermahlzeiten (V. 23); der Beter dagegen betont seine Armut und stellt sein Beten als das bessere, Gott gefälligere Opfer dar (V. 31f). Man darf also wohl einen sozial-wirtschaftlichen Gegensatz annehmen, der sich zu einem religiösen ausweitet (bzw. vom Beter dazu ausgeweitet wird). Auch die Gegner singen Lieder, nämlich Spottlieder auf den Beter (V. 13). Der Beter ist also nicht irgendein bedrückter, kleiner Mann, von dem niemand spricht, sondern im Gegenteil den Reichen wohlbekannt, ursprünglich kommt er wohl aus ihren Kreisen (V. 9). Man kann vermuten, daß er sein Vermögen eifrig eingesetzt hat, vielleicht für den Tempelwiederaufbau („dein Haus" V. 10, vgl. V. 36), das würde Vers 5d „Erstatten soll ich, was ich gar nicht geraubt" gut erklären: seine Sippe wirft ihm vor, er habe über Familienvermögen, vielleicht gar über Grund und Boden eigenmächtig verfügt. Das würde auch Vers 6 verständlich machen: hier liegt kein Sündenbekenntnis vor, sondern ironisches Zitat: Was seine Sippe „Torheit" und „Verfehlung" nennt, dessen rühmt sich der Beter vor Gott. Er bringt sie nämlich als Erhörungsmotiv vor, und seine Bitte Vers 7 geht ja dahin, daß die Frommen Israels durch sein Beispiel nicht *ent*mutigt, sondern *er*mutigt werden. — Die Opfer der Gegner dagegen sollen Unheil statt Heil bringen (V. 23), ärgste Krankheiten sollen sie plagen (V. 24), Nachkommen sollen ihnen fehlen (V. 26), und ihre „Verfehlungen" (V. 28f, Wiederaufnahme aus V. 6b!) sollen sich so häufen, daß sie niemals „gerecht" sein können. Doch ist dies nicht bloß persönlich-individuell gemeint und die Aussage des Psalms nicht nur auf diese Gegner bezogen. Der Psalm gibt nämlich Einblick in schwere religiös-politische Auseinandersetzungen der aus dem Exil zurückgekehrten Gemeinde, wobei es darum ging, ob wirtschaftliche oder religiös-kultische Belange Priorität haben.

Psalm 70

Siehe Ps 40,14b—18.

Psalm 71

Das Klagelied eines alten Mannes, doch geht es nicht um ein individuelles Schicksal, sondern um die Situation des alternden Menschen überhaupt: die Erfahrung des schnell wechselnden und kaum beeinflußbaren Lebensganges (V. 20a) und der schwindenden eigenen Kräfte (V. 9ff) bringen den gealterten Menschen dazu, seine Hoffnung, noch spät Glück zu erleben, auf Gott und nicht auf sich selbst zu stützen. Trotz Vers 22f diente der Psalm wohl nicht dem Kult, sondern der privaten geistlichen Erbauung, daher gehen die Bitten vor allem um ein von Glaubenszweifel und Glaubensverfolgung freies, ruhiges und gesegnetes Alter.
Der Psalm besteht überwiegend aus Zitaten verschiedener anderer Psalmen, er ist eine sehr spät anzusetzende Blütenlese.

Mit dem 72. Psalm endet das zweite Psalmenbuch; 72,18.19 sind ein ausführlicher abschließender Lobpreis in Bekenntnisform (Doxologie).

Psalm 74

Ein Volksklagelied über die Zerstörung des Tempels. Vers 3.7f lassen auf die Zeit bis zum Beginn des Wiederaufbaus um das Jahr 515 vor Christus schließen, während Vers 8.10 auf viel spätere Ereignisse der Makkabäerzeit (2. Jahrh.) deuten. Der Psalm ist offenbar bei Gelegenheit an eine neue Situation angepaßt worden, insgesamt aber alt. Noch älter als der Psalm selbst ist vielleicht der eingeschobene Hymnus Vers 12—17.
Eigentliches Anliegen des Psalms ist die Gottesferne: nicht mehr im Tempel und seinem Kult, nicht mehr im Auftreten der Propheten und im nationalen Besitzstand wird man Gottes gewiß, sondern allenfalls noch als des Herrn über die Naturgewalten — aber das klingt mehr gelernt als erlebt! So ist der Psalm ein lebhaftes Zeugnis vom Wissen um die eigene religiöse Unsicherheit; dieses Bewußtsein der Gottesferne wird eindringlich als Erhörungsmotiv vorgebracht.

Psalm 75

Ein kultisches Danklied, das sehr schön den im Kult jederzeit möglichen Wechsel von „wir" (V. 2) zu „ich" (V. 10) zeigt — Sprecher ist beidesmal die feiernde Gemeinde. Dazwischen steht in Vers 3.5f.11 eine Gottesrede, ohne Einführungsformel in direkter Rede gehalten. Dies und das grandiose Bild des vom Himmel herabgereichten Wermutbechers (V. 9) geben dem Psalm einen hymnisch-triumphalistischen Charakter. Die Glaubensgewißheit vom Gerechtigkeits- und Herrschaftswillen Gottes und der eigenen kultisch gesicherten Gerechtigkeit hat hier sehr selbstbewußt Ausdruck gefunden.

Psalm 77

Der Psalm ist ein geistlich-weisheitliches Lied — kein eigentliches Klagelied — über das Problem der Gottesferne und Unverstehbarkeit des Gotteshandelns, das besonders im und nach dem Exil bewußt wurde (vgl. *Ps 74*, vgl. auch das unter I. Gesagte, S. 5).

Aufbau:

2—7	Größe der seelisch-geistigen Not — Nachdenken über die Unverstehbarkeit Gottes bei seinem Handeln in der Geschichte (Stil des Klageliedes).
8—11	sich steigernde Reihe der Fragen, ob Gott auch hier und heute gnädig sei, warum er heute so anders sei, als ihn die Erzählungen von Israels Anfang darstellen.
12—16	Nachdenken über die „Heilsgeschichte" — das Ergebnis: Gott ist „heilig" und „stark".
17—21	Zitat eines (offenbar älteren) Hymnus, der nicht geschichtlich, sondern sehr mythologisch Gottes „Heiligkeit" und „Macht" illustrieren soll.

Das Problem, das den Psalmisten bewegt, ist ausgesprochen modern: In der biblischen Überlieferung, besonders der von den Vätern und den Anfängen Israels, ist Jahwe der Gott, der wunderbar hilft, der jede Not überwindet und unzweideutig nahe und verständlich ist — ganz anders heute: wir erleben keine Wunder, unsere Nöte bleiben, uns ist Gott und sein Wille oft nicht eindeutig und sicher. Die Überlieferung vom wunderhaft helfenden Gott wird dann zum Hindernis für den eigenen Glauben. Ebenso ging es dem Psalmisten. Offenbar weiß er auf sein Problem Vers 11 keine durchschlagende Antwort. Er gibt vielmehr seine Lösung des Problems indirekt, er zitiert einen alten, ihm offenbar überkommenen Hymnus. Dieser Hymnus ist völlig mythologisch. Wahrscheinlich war es Vers 20b „doch niemand sah seine Spuren", der den Dichter zur Wahl dieses Hymnusfragmentes veranlaßte: Gottes übergewaltiges, die Chaosmächte Wasser, Blitz und Donner meisterndes Handeln blieb doch ohne „Spur" — Gott selbst wird *nicht* darin sichtbar. Das eben ist die eigentliche Größe und „Heiligkeit" (= Unvergleichlichkeit, Weltüberlegenheit) Gottes, die ihn und sein tägliches gewaltiges Wirken unspürbar macht.

Psalm 79

Ein Volksklagelied, vgl. *Psalm 74,* wie dieser an neue Situationen angepaßt und recht „zersungen"; es war also im Kult sehr beliebt. Der Psalm beginnt mit einer sehr drastischen Schilderung der Not, die zugleich Anklage gegen die Zerstörer Jerusalems (587 v. Chr.) ist (V. 1—4), es folgen Vers 5—8 Rachebitten (zu V. 8a vgl. *Jer 31,8* und *Ez 18,2*, wo die volkstümliche Begründung der Strafe mit den Sünden der Väter abgelehnt wird) und Vers 9—12 erneute Bitten mit Erhörungsmotiv. Der vertrauensvolle Schluß Vers 13 enthält ein Dankgelöbnis.

Psalm 80

Ein Volksklagelied von hoher künstlerischer Qualität; anders als *Psalm 79* redet es von der Not durchgehend bildlich: Jahwe ist Hüter und Schutzherr Israels, Israel ist Jahwes Weinberg. Kehrreim in Vers 4.8.20, die Variation in Vers 15 ist zugleich Kommentar.
Vor allem, weil in Vers 3 nordisraelitische Stämme genannt werden, hat man den Psalm ins israelitische Nordreich gesetzt, das im Jahre 722 vor Christus zerstört wurde; er wäre dann nur wenige Jahre vorher gedichtet worden. Er kann aber auch aus der Zeit nach der Zerstörung Jerusalems und dem babylonischen Exil stammen und politische Restaurationstendenzen widerspiegeln; der „Menschensohn“ Vers 18 wäre dann ein nachexilischer Volksführer.

Psalm 83

Ein Volksklagelied, das nicht wie *Psalm 74* eine bestimmte Situation wachhält, sondern dichterisch frei alle Feinde aufzählt, mit denen Israel im Laufe der Geschichte Konflikte hatte. Das letzte Glied „Assur“ steht für alle Großmächte und ihre imperiale Politik.

Aufbau:

2	Aufruf an Gott, einzugreifen
3—9	Koalition und Plan der Feinde Israels
10—19	Fluchwünsche mit Erinnerung an die großen Siege der Richterzeit, verbunden mit einem Erhörungsmotiv (V. 17—19a) und dem Glaubensbekenntnis zur Einzigkeit Gottes (V. 19b).

Psalm 85

Ein Volksklagelied, das sehr deutlich den kultischen Gebrauch dieser Gattung zeigt. Am Anfang (V. 2—4) steht eine Erinnerung an Jahwes Heilshandeln, und zwar an die Rückführung aus der babylonischen Gefangenschaft; es folgt Vers 5—8 die Reihe der Klagen und Bitten, am Schluß Vers 9—14 steht der von einem kultischen Sprecher (Priester, Kultprophet) vorgetragene Trost. Mit göttlicher Autorität (V. 9) werden dem hoffenden Volk die fast personifizierten Heilsgüter zugesprochen. „Treue" und „Gerechtigkeit" sind hier nicht, wie meist bei den Schriftpropheten, Forderungen an das Volk, sondern Gaben des Himmels; und den „Segen" sieht man darin, daß die Felder und Fruchtbäume reich tragen (V. 13b — vielleicht ist der Psalm ein „Erntebittlied"). Der dichterisch sehr schöne Psalm bleibt also bei einem kultisch-rituellen Verständnis des Gottesverhältnisses und menschlicher Verpflichtung stehen.

Psalm 86

Ein Klagelied des einzelnen Beters; locker gefügte, spätnachexilische Sammlung beliebter Psalmmotive, die zum kultischen Gebrauch bestimmt ist. Für die Spätzeit kennzeichnend sind die Eigenschaften, die Gott in Vers 8—10 zugeschrieben werden: unvergleichliche Schöpfermacht, universelle Anbetung (die natürlich nur als Wunsch bestand) und Wunderwilligkeit. Dieser Gott wird zur Hoffnung für die vielen einzelnen Beter, die ihre verschiedenen Nöte in diesem Psalm wiederfinden.

Psalm 88

Ein Klagelied, in der Thematik und einigen Formulierungen mit Ijob verwandt. Nach Ausweis der Überschrift wurde es als *miktam*, das heißt als Lehrdichtung oder theologische Problemdichtung verstanden. Tatsächlich behandelt der Psalm ein der israelitischen Religion spät bewußtgewordenes, aber sehr schwieriges Problem: Was ist vom Leben des lebenslang Kranken bzw. an einem Gebrechen Leidenden zu halten? Der Psalm gibt überdeutlich die volkstümliche, konventionelle Antwort: ein solches Dasein ohne Freude, ohne Freunde, ohne Ansehen und Wirkmöglichkeit ist gar kein Leben, es ähnelt viel mehr dem Totsein (V. 4—7). Für den Hebräer ist nicht der biologische Tod die Scheide zwischen Leben und Tod, sondern die Unfähigkeit, heil zu werden und sich am Leben zu freuen. Man spricht modernisierend von einer „Todessphäre". Zum theologischen Problem wird diese Auffassung, weil vorzeitiger Verlust der Lebensfreude als Gottesstrafe angesehen wird (V. 8.16b—19). Der Leidende ist dann immer der von Gott Bestrafte, Gott ist ihm fern wie den Toten. Vers 11—13 setzen die Anschauung voraus, daß Gott mit den Toten nichts zu tun hat, kleidet aber diese Anschauung in scharfe, protestierende Fragen. Vers 14, eingeleitet mit dem betonten „Darum", formuliert der Psalmist seinen trotzigen Standpunkt: Er betet und klagt, also lebt er: clamo, ergo sum! Wirklich tot ist der Mensch, der nicht mehr klagt und schreit — Resignation und müdes Über-sich-Ergehenlassen, sie beenden das Leben, sind dem Psalmisten die Grenze zwischen Leben und Tod! Aber das Leiden wird deswegen noch keineswegs akzeptiert, vielmehr folgt Vers 15, eingeleitet mit „Warum", die Aufforderung an Gott, sich seinerseits als lebendig, das heißt heilend und freudebringend zu zeigen. Gott wird weiter als der Gott des Heils, des beglückten Lebens verstanden; das Leiden selbst wird negativ gesehen und erfährt keine Umwertung; wohl aber erfährt das Leben im Leiden eine Umwertung: auch das protestierende, das betend-schreiende Leiden ist ein Leben und ein Stand vor Gott.

Ps 89,53 ist Schlußvers des dritten Psalmenbuches, das überwiegend Volksklagelieder enthält.

Psalm 90

Ein Weisheitslied, aber offenbar für den kultischen Gebrauch in der Wir-Form des Volksklageliedes. Vielleicht wurden die Schlußbitten Vers 13—17 erst für die kultische Verwendung geschaffen. Das Lied hat zwei Teile: Vers 1—12 zählt in einer „Liste" Bedenkenswertes auf, damit der Mensch „ein weises Herz gewinne", Vers 13—17 sind

Erlösungsbitten, die in dem bescheiden-weisheitlichen Wunsch gipfeln, daß die tägliche Anstrengung und Mühe ihren Erfolg und Lohn bringe (V. 17 mit verstärkender Doppelung).
Was ist Weisheit? Ein weises Herz weiß zu unterscheiden und sich zu bescheiden. Alles ist geworden und vergeht wieder, sogar Berge und Weltall, nur nicht Gott (V. 2); jeder Mensch existiert nur, weil Gott ihn ruft und will (V. 3); die Zeit, uns so spürbar durch den Wandel der Dinge und unsere eigene Veränderlichkeit (V. 5.6), ist für Gott nicht Nichts, aber auch nichts Großes (V. 4). Weise ist, wer einsieht:

Staub bist du, zum Staub kehrst du zurück.

Aber der Weise weiß noch mehr: Er weiß von seinen Fehlern und Verfehlungen. Auch Gott weiß darum (V. 8), seine Antwort kann nur Zorn und Grimm sein (V. 7.8; vgl. *Röm 2,9)*. Darum ist der Mensch so selten froh, darum ist sogar ein langes, erfülltes Leben voller Mühsal und Beschwer (V. 10). Wie Gott vergibt, weiß man nicht (V. 11), aber Leiden, die aus eigenen und fremden Verfehlungen kommen, nimmt der Weise verstehend an — er „zählt seine Tage“ (V. 12).

Psalm 94

Ein Klagelied für den einzelnen Beter, doch ist das Lied zugleich so lehrhaft, daß man es als Kultbelehrung auffassen kann. Die starke Formmischung und die Theologie deuten auf eine späte, nachexilische Entstehung.
Vers 1.2 nennen das Thema des Liedes: Gott wird als Vergelter und Richter angerufen. Gott ist Herr der Menschen und der Welt, er wird stürmisch aufgefordert, sein Herrsein durch Vergeltung aufzuzeigen.
Die Klagen Vers 3—7, mit der im Klagelied beliebten Formel „Wie lange ...“ eingeleitet, nennen die Vorwürfe gegen die „Stolzen“, auf die die Vergeltung herabgerufen wird. Sie heißen, wie in den Klageliedern üblich, „Frevler“, ihr Tun ist, freche Reden zu führen und zu frohlocken — sie sind Leute, die auf ihren Vorteil bedacht sind und daraus auch gar keinen Hehl machen, Menschen, die Unterlegene und Abhängige ausnutzen und noch stolz auf ihre „Leistung“ sind. Ihr

unausgesprochener, ja uneingestandener Grundsatz zitiert Vers 7 in gedachter Rede:

> Der Herr sieht es ja nicht,
> der Gott Jakobs merkt es nicht!

Vers 8—11 warnen in einer weisheitlichen Scheltrede vor solcher Torheit. Wie unvernünftig ist doch, ohne Gott, ja gegen Gott leben zu wollen! Eine Serie rhetorischer Fragen zeigt Gott als den Überlegenen auf; diese Überlegenheit anzuerkennen ist „Weisheit", sie kommt von Gott, wie das letzte, wichtigste Glied der Kette betont. Dagegen sind die Gedanken der Menschen ein Nichts — Vers 11 verwirft nicht Erkenntnis und Wissenschaft, sondern die täglichen Selbstrechtfertigungen und Entschuldigungen, die die Menschen haben.

Vers 12—15 bilden eine „Gegenstrophe" zur Scheltrede, es ist der Trost der Weisheit für den, der nach ihr lebt, stilgerecht eingeleitet mit „Wohl dem . . .". Zugleich lehren diese Verse, worin die Vergeltung besteht, die die Anfangsverse forderten. Wichtig ist hier die Entsprechung von Vers 5 und Vers 14.

Der Trost der Verse 12—15 ist allzu lehrhaft, in den Versen 16—23 wird er gebetsmäßig gefaßt. Ein Beter bittet und bekennt dann die Hilfe Gottes. Auch der Weise sieht sich in Anfechtung und Bewährung, er bittet um Ermutigung. Die größte Ermutigung wäre, wenn er klar und offen die „Vergeltung" sähe — im Glauben sieht er sie schon (V. 23). So kehrt das lehrhafte Gebet kunstvoll zu seinem Anfang zurück.

Psalm 102

Ein durch Form- und Gedankenmischung monströser Psalm, wahrscheinlich im zweiten Jahrhundert (Besetzung und Brandschatzung Jerusalems und des Tempels durch Antiochus IV. Ephiphanes um 170 v. Chr.) aus verschiedenen älteren Teilen zusammengestellt. Die Einteilung M. Bubers ist noch die einsichtigste:

Vers 2—12: Klagelied eines einzelnen mit einigen sehr ungewöhnlichen Bildern, die auf ganz verschiedene Nöte passen. Dieses Gebet könnte man sehr gut zu der Gelegenheit sprechen, die Vers 1 nennt.

Vers 13—23: Zionslied, ein aus den kultischen Traditionen Jerusalems und manchen prophetischen Überlieferungen stammendes (national- und überlieferungsstolzes) Lied. Die gegenwärtige Not und die besonders betonte Liebe zu den „Trümmern" des Tempels werden als Erhörungsmotive genannt. Der Psalm bezeugt ein drängendes Zeitgefühl; die Erwartung ist, daß Jerusalem Mittelpunkt und Herrin einer Welt wird, die die Einzigkeit Jahwes anerkennt.

Vers 24—29: Rest eines individuellen Klageliedes (V. 24.25), das mit einer weisheitlich-tröstenden Gegenüberstellung menschlicher Vergänglichkeit und göttlicher Dauer weitergeführt und mit einer Fürbitte für das Volk abgeschlossen wird. Wahrscheinlich ist der Gedankengang dieses letzten Teils auch die Absicht des ganzen Liedes: Der Beter soll von seinen persönlichen Nöten über die großartigen Heilserwartungen zur Fürbitte für das ganze Volk, für die kommenden Generationen geführt werden.

Mit *Ps 106,48* schließt das vierte, das kürzeste Buch der Psalmen.

Psalm 108

Der Psalm besteht aus *Ps 57,8—12* und *Ps 60,7—14.* Wie und warum die beiden Stücke kombiniert wurden, ist unbekannt. Es handelt sich hier um „Wanderstrophen", die in ganz verschiedenem Zusammenhang (kultische) Verwendung fanden.

Psalm 109

Der anstößigste Fluchpsalm des Psalters. Zum Gerechtigkeitsbewußtsein des im Gesetz unterrichteten Kultteilnehmers vgl. *Psalm 7* und *Psalm 26.*

Der Psalm besteht aus dem (kultischen) Klagelied eines einzelnen (V. 1—5.21—31) mit überwiegend konventionellen Wendungen und einer darin eingeschobenen Fluchreihe Vers 6—20, die auch im Alten Testament ihresgleichen sucht. Die Lösung, Vers 6—20 als Zitat der Flüche im Munde des Gegners anzusehen, ist künstlich, nur mit Texteingriffen begründbar und verkennt das alttestamentliche Gerechtigkeitsverständnis, das ein geprüftes Selbstgerechtigkeitsgefühl sehr wohl einschloß. Möglich, ja wahrscheinlich ist aber, daß die Fluchreihe Vers 6—20 selbständig bestand und gebetet wurde.

Zur Theologie: In ihrem jetzigen Kontext — eingebettet in das Klagelied — zeigt die Fluchreihe deutlich ein personales, nicht ein magisches Gottesverständnis: nicht durch Aussprechen der Flüche, sondern wegen der Erbarmungslosigkeit des Gegners (V. 16) soll diesem der verdiente „Lohn" (V. 20) von Gott her zukommen — es liegt hier auch begrifflich der Zusammenhang von Tun und Ergehen, Handeln und Erfolg des Handelns vor, den das Alte Testament fast überall voraussetzt und den wir in das Sprichwort kleiden: Wer Wind sät, wird Sturm ernten. Es ist die Überzeugung, daß alles Böse unheilvoll zurückschlägt auf den, der es will und tut; Gott wird dabei geglaubt als der nahe, allwissend-unbestechliche und unheimlich-unsichtbare Vergelter und Richter (vgl. *Ps 94).*

Psalm 116

Der Psalm umfaßt wohl zwei selbständige Lieder (V. 1—9 und V. 10—19), so verstehen ihn schon die ältesten Übersetzungen. Allerdings ergibt nur Vers 1—9 ein stilistisch und gedanklich in sich geschlossenes Dankgebet, während bei Vers 10—19 der Zusammenhang nicht ganz einsichtig wird. Sicher wurden beide Lieder im Kult gebraucht: Wohl wissend um vergangene *und* künftige Nöte (die Übersetzungen werden den schwebenden Zeitverhältnissen des hebräischen Textes nicht gerecht) bekennen die Beter öffentlich Vertrauen und Dank, weil sie auf dem richtigen Lebensweg (V. 9), im rechten Stand vor Gott (V. 17ff) sind. Zumindest in der jetzigen sprachlichen Fassung ist der Psalm spät-nachexilisch.

Psalm 118

Ein hymnisches Danklied für den festlichen Kult; eine aufwendige „Liturgie am Tempeltor" — dem äußeren Aufwand entspricht die phantastisch gesteigerte Sprache zum Beispiel in Vers 10.
Aufbau:

2—4	bekenntnishafter Wechselgesang
5—14	„Solo"-vortrag, der die Hilfe des Gottesnamens verkündigt
15—18	(trotz der Ichform wohl chorisches) Vertrauensbekenntnis mit dem Zitat eines Siegesliedes (15b.16)
19—24	Toreinlaßliturgie (Wechselgesang?)
25	Segensbitte der Teilnehmer
26	priesterlicher Segen
27.28	abschließender Dank

1 und 28 sind die rahmenden Aufforderungen zum Dankkult.

Wie groß der Aufwand bei solcher Festfeier war, lassen die prophetische Kultkritik (z. B. *Jes 1,10ff)* und Berichte wie *1 Kön 8; 2 Chr 35,7; Neh 12,27ff* gut erkennen. Vers 8f entsprechen und variieren *Ps 116,11:* nur Gott ist schlechthin verläßlich, er „lügt" nicht. Vers 20 kennzeichnet das alttestamentlich-kultische Gerechtigkeitsverständnis: Wer unbescholten am Kult teilnimmt, gilt als „gerecht" — auch vor Gott, denn dem Kult wurde sakramentale Kraft zugeschrieben.

Psalm 120

Die Psalmen 120—134 tragen die Überschrift „Wallfahrtslied", sie entstammen wohl einer Sammlung zu diesem Zweck, wenn auch nur *Psalm 122* und *132* direkt auf die Wallfahrt Bezug nehmen. Bis auf *Psalm 132* sind sie alle sehr kurz und zumeist von großer dichterischer Schönheit.
Psalm 120 ist die Bitte eines „Stillen im Lande" (s. *Ps 35*), der unbehelligt bleiben möchte, aber unter Menschen lebt, die seine Lebensführung und seine Ansichten heftig kritisieren und ins Lächerliche ziehen.

Diese Menschen sind ihm, obwohl offenbar Volksgenossen, so fremd wie die fernsten Völker: Meschech ist jenseits des Schwarzen Meeres (Krim? Kaukasus?), die Kedarener sind Beduinen der arabischen Wüste.

Psalm 123

Ein kleines Volksklagelied, das sehr kunstvoll zwei Aphorismen gegenüberstellt: der erste handelt vom Sklaven, der auf jeden Wink seines Herrn lautert, der zweite von einem, der von Spott und Hohn satt wird. Dazwischen steht Vers 3a die Bitte: Gott, der wirkliche Herr, möge sich als gnädiger Herr zeigen und die Last des Spottes wegnehmen.

Psalm 124

Ein Danklied des Volkes, wirkungsvoll durch die Nachdruck verleihenden Wiederholungen. Sonst ist das Lied in seiner Kürze und Schlichtheit ein deutliches Gegenstück zu *Psalm 118*. Es ist ähnlich wie *Psalm 23* durchweg bildhaft (Bilder der plötzlichen Flut, des überfallenden Raubtiers und des Vogelnetzes); rahmend stehen bekenntnishafte Aussagen (V. 1—3.8).

Psalm 125

Ein kurzes Vertrauens- und Bittlied der zum Tempelberg wallfahrenden Frommen: der Tempelberg und die höheren Berge, die Jerusalem umlagern, sind Bild, ja Gewähr der Festigkeit und Treue Jahwes (V. 1.2). Dieser ist — offenbar gegen die heidnischen politischen Herrscher — der eigentliche Herr des Landes (V. 3), sein Wille ist das mosaische Gesetz. Damit Gott sein Herrsein zeige, soll er den Frommen Gutes, denen, die vom Gesetz („dem Weg") abweichen, Schlimmes tun. Zum letzten Vers vgl. *Ps 128,6*. — Dieser Psalm schildert sehr eindrucksvoll das Friedensideal Israels. Er stammt wohl aus den ruhigen Herrschaftszeiten der Perser und der Ptolemäer (530—200 v. Chr.).

Psalm 126

Ein Volksklagelied aus der frühen nachexilischen Zeit, im Aufbau und Inhalt dem 85. Psalm sehr ähnlich.
Vers 1—3 sehen auf ein großes Glück zurück: die Rückführung aus Babel (538 v. Chr.). Verglichen mit dem damaligen Leid in der Fremde (vgl. *Ps 137)* ist man jetzt besser dran, aber erfreulich ist die Lage keineswegs, daher die Bitte Vers 4. Ihr folgt wie in *Psalm 85* eine Heilszusage, die aber nicht wie dort als Gotteswort gestaltet und mit überschwenglichen theologischen Begriffen ausgelegt wird, sondern mit sprichwörtlich-weisheitlicher Lebenslehre tröstet.

Psalm 129

Trotz der Ichform handelt es sich um ein Volksklagelied (vgl. *Ps 123)*, der Aufbau ist sehr kunstvoll (vgl. M. Bubers Übersetzung). Der erste Teil wiederholt zweimal die Klage Israels wegen seiner Bedrängnis, es folgt ein sehr drastisches Bild und dann der zuversichtliche Vertrauensruf: trotz seiner langen „negativen Geschichte" weiß Israel, wem es vertrauen darf (V. 2b). Der zweite Teil zeugt von schweren Auseinandersetzungen im Volk Israel: die Wallfahrer fluchen denen, die „Zion hassen" (V. 5), womit wohl kaum Heiden, sondern liberale und kultferne Volksgenossen gemeint sind. Sie sollen werden wie das Gras, das im Frühjahr für kurze Zeit auf den lehmgedeckten Häusern in Israel wächst, aber nur so klein und dünn, daß es zur Ernte nicht taugt. Fluch und Bild treffen offenbar die, die die Wallfahrer nicht mit einem Segenswunsch begrüßen und begleiten — ihnen zum Trotz wird der priesterliche Segen, der am Ende der Wallfahrt steht (vgl. *Ps 27; 55)*, zitiert.

Psalm 130

Ein Volksklage- und Bußlied; wie in *Psalm 129* ist das sprechende Ich jeder im Volk bzw. Wallfahrtszug (vgl. V. 7!). Wegen seiner dichterischen Schönheit und Verwendung in der Begräbnisliturgie ist der

Psalm sehr bekannt. Bemerkenswerter aber noch ist die *Theologie* des Psalms.

Der Mensch ruft aus der „Tiefe" — ursprünglich mag an ein tiefes Wasser oder eine Zisterne gedacht sein, hier aber ist es Metapher (Bild): des Menschen Stand vor Gott ist die Tiefe und Ferne. Aller Stolz paßt nicht zum Menschen, zu ihm paßt das Rufen, Flehen, Schreien — das ist sein Verhältnis zu Gott! (V. 1.2) Denn der Mensch, selbst der beste, ist voller Fehler und Unvermögen, aber auch reich an Eigensinn und Traurigkeit. Sein Schreien bittet um Vergebung, um Entlastung von der Vergangenheit (V. 3); nur so vermag er überhaupt zu leben und zu bestehen. Die einzige andere Möglichkeit wäre, jede Selbstbesinnung zu verweigern, im bloßen Augenblick und der Illusion unbegrenzter Zukunft zu leben und damit der Aufgabe des verantworteten und sich selbst bewußten Lebens auszuweichen. Glücklicherweise ist Gott ein Gott, der gern vergibt und damit Leben gewährt und Freude (auch an der Vergangenheit!) ermöglicht; eben dadurch ist er erst eigentlich Gott, dem man gerne und ganz dient, nicht ein knechtender Götze (V. 4). Der Stand des Beters ist daher begründete Hoffnung — Hoffnung auf den lebengewährenden Gott, genauer auf sein vergebendes und weisendes Wort (V. 5). Offenbar ist hier das „Wort" Gottes nicht das mosaische Gesetz, sondern der Zuspruch der Sündenvergebung und die eigene Gebetserfahrung. Die „Seele" des Menschen, das ist das, was sein Gemüt, seine Stimmung und sein Atmen ausmacht, streckt sich hoffend aus auf dieses „Wort" — mehr als Wächter auf das Morgenrot warten (V. 6 — einziges ausgeführtes Bild des Psalms). Dieses horchende, hoffende Harren auf das „Wort" ist Israels Stand und Gottesdienst (V. 7), es ist zugleich seine Zuversicht und Stärke.

Psalm 131

Das Vertrauenslied eines „Stillen im Lande" (vgl. *Ps 35),* mehr noch das Motto einer bestimmten spätisraelitischen Frömmigkeitshaltung. Hier wird zweifellos eine echte Selbstbescheidung und vertrauensvolle Ergebenheit gepflegt, aber auch zur Verachtung des Wissens und besonders des (wissenschaftlichen oder natürlichen) Fragens angeleitet.

Dadurch führt diese Frömmigkeit leicht zur Weltentfremdung und Wirklichkeitsflucht, die dem Glauben Israels eigentlich sehr fern liegen.

Psalm 136

Eine Danklitanei, offenbar von einem Vorsänger vorgetragen, dem das Volk mit dem immer gleichen Lobruf antwortet. Der Psalm ist nach dem Vorbild des *Psalm 135* verfaßt, Vers 17—22 sind aus *Ps 135,10—12* entnommen. Er preist Jahwe zuerst als den alles schaffenden Schöpfergott (V. 5—9), dann als den Herrn der Geschichte (V. 10—22), auf die als eine ruhmreiche Vergangenheit zurückgeblickt wird. Die „Erniedrigung" Vers 23 ist das babylonische Exil; der Psalm ist also sicher nachexilisch, wahrscheinlich spät-nachexilisch.

Psalm 137

Dieses Volksklagelied hat wegen seines dramatischen Aufbaus, wegen des Wechsels der Szenen und Sprecher bei größter Sparsamkeit der Mittel namhafte Exegeten zu Vergleichen mit Balladen des neunzehnten Jahrhunderts geführt. Doch darf die Vollkommenheit der Dichtung nicht über ihren Ort und ihre Absicht hinwegtäuschen: Das bald nach der Rückkehr aus dem Exil in Jerusalem gedichtete Lied ist politische Literatur, die den Haß gegen die ehemaligen Eroberer schüren will, daher der schreckliche „Wohl dem"-Wunsch in Vers 8.9. Nationalstolz und Rachelust haben hier Religion und die Ergebung gegenüber dem unbedingten Gott verdrängt, deshalb ist *Psalm 137* wohl kaum wirklich Gebet — die einzige Gottesanrede in Vers 7 ist bloße Floskel.

Psalm 138

Das Muster eines Dankliedes, als Formular für einzelne Beter gedacht, die kollektive Deutung auf Israel ist sehr unwahrscheinlich (vgl. dagegen *Jes 12,1).* Der Formularcharakter zeigt sich daran, daß die überstandende Not, also der Grund des Dankes nicht genannt wird. Vers 1—3 sprechen den Dank in pathetischer Form aus, Vers 4—6 rufen sogar die Großen und Herren der Welt auf, für Jahwes Weisung und Hilfe zu danken. Hier spricht freilich kein König, sondern es liegt kühne dichterische Übertreibung vor; dies zeigt deutlich Vers 6, der ja nur im Munde eines im gesellschaftlichen Sinne Niedrigen möglich ist. Das abschließende Vertrauensbekenntnis Vers 7.8 scheint *Ps 23,4* nachgedichtet zu sein.

Psalm 139

Der in Text und Aufbau sehr sorgfältig gearbeitete Psalm ist eine weisheitliche Gebetsbelehrung, die geschickt Elemente des Klageliedes und des Hymnus für ihre Zwecke nutzt. Der Beter möchte zeigen, wie man in richtiger Weise betet; mit dem Zitat des Namenverbots aus dem Dekalog (Zehn Gebote) in Vers 20b greift er die an, die anders beten und von Gott reden als er.

Entscheidend für das Verständnis des Psalms ist die Beobachtung, daß alle Aussagen in der ersten oder zweiten Person formuliert sind. Es gibt keine Er- oder Es-Aussage. Alle Aussagen erhalten damit einen direkten personalen Bezug zwischen Beter und Angebetetem, sie haben durchgehend *Bekenntnischarakter*. So reden die Verse 1b—6 nicht von Gottes Allwissenheit, sondern bekennen, was das für den Beter bedeutet, wenn sein Gott alles von ihm weiß. Auch die Verse 7—12 behandeln nicht die Allgegenwart Gottes, sondern die Unentrinnbarkeit des Beters seinem Gott gegenüber; und in Vers 13—16 geht es nicht um die Allmacht Gottes gleichsam als Sachaussage, sondern darum, wieweit der Beter von diesem Gott abhängt und herkommt. Deshalb ist hier von Gott als dem Bildner jedes einzelnen menschlichen Lebens nicht in lehrender Weise die Rede, sondern in der Weise des dankbaren und staunenden Bekenntnisses. Der Beter dankt Gott voll Staunen, daß er mit all seinen Fähigkeiten, Eigenarten und mit soviel Schönheit ausgestattet wurde. Dies zu bedenken, macht Gott noch geheimnisvoller, unbegreiflicher und vertrauenswürdiger. So erstaunlich sind die Werke Gottes, daß man, wollte man sie „zählen“, das heißt erkennen, nicht mit seinen Werken und noch weniger mit ihm selbst an ein Ende käme (V. 17.18). Daraus folgt, wie man Gott gegenüber zu sprechen hat: nicht in der feststellend-sachlichen Weise, wie es etwa *Psalm 136* tut, sondern in persönlich-bekenntnishafter Weise, wie es *Psalm 139* tut. Damit werden die Vers 19f folgenden Flüche, die der Form nach dem Klagelied entstammen, verständlich: es sind nicht persönliche Feinde des Psalmisten oder gar seine Verfolger, sondern es sind „Frevler", die dem Psalmisten zu Feinden *geworden* sind, weil sie „Gottes Namen mißbrauchen". Sie reden offenbar von Gott, aber in versachlichender, verfügender Weise, und das ist eine schlimmere, weil feinere Götzenherstellung als das Bildermachen! In den Schlußversen (V. 23.24) bittet der Beter um Nachsicht und Verzeihung: Er weiß, daß man von Gott reden muß, gerade um ihn zu bekennen, aber er ist sich bewußt, daß jedes Reden von Gott unzulänglich ist und Götzen erschafft, wenn es sich nicht zugleich begrenzt und verneint. Im persönlich-individuellen Bekenntnis zu Gott, der unbegreifbar ist und bleibt, bittet er um Verzeihung, denn er *muß zu ihm* hin reden, von dem zu schweigen doch viel besser wäre.

Psalm 140

Ein Klagelied, ähnlich dem *Psalm 138* als Formular für den einzelnen Beter gedacht. Der Anlaß der Klage ist ein wenig konkreter als der des Dankes in *Psalm 138,* es ist aber eine allgemeine Situation: der kulteifrige, traditionsbewußte Fromme sieht sich im Alltag mancherlei böser Nachrede und auch Benachteiligungen gegenüber; die tonangebende und herrschende Schicht ist offenbar „liberaler" als er. Die „Armen" fühlen sich dabei geradezu als Sachwalter Jahwes; sie sind gewiß, Jahwe als ihren Anwalt (V. 13) und grausamen Rächer (V. 11) zu haben. Der Psalm gibt ähnlich den *Psalmen 35; 38; 56 und 129* einen guten Einblick in die Konflikte der nachexilischen Gemeinde.

Psalm 141

Eine durchgehende Deutung dieses Psalms ist nicht möglich, da die Verse 6.7 nicht verständlich übersetzbar sind. Der verbleibende Teil ist ein Klagelied für den einzelnen Beter, wahrscheinlich ein Abendgebet. Es beginnt mit einem Hilferuf und dem Vergleich des Betens mit dem Abendopfer; es ist ein bloßer Vergleich, das Gebet ist nicht kultisch. Die Verse 3—5 bitten um Bewahrung vor Verbitterung und voreiligem Urteil, sie gelten dem Beter als schlimmste Sünde. Von den Frevlern hält er sich fern, von Frommen läßt er sich gerne zurechtweisen. Es ist wohl richtig, hierin das Zeugnis einer späten, eher ängstlichen Lebenshaltung zu finden. Vers 8.9 bitten um Bewahrung in den täglichen Übeln und Widerwärtigkeiten; Vers 10 formuliert den bekannten Vergeltungsgedanken, daß jeder erntet, was er sät.

Psalm 142

Ein für den einzelnen Beter bestimmtes Klagelied von großer dichterischer Schönheit. Deutlich gibt es zwei Abschnitte: Vers 1—5 und Vers 6—8. Der erste beginnt eigentümlicherweise nicht mit einer Gebetsanrede, sondern mit einer sehr intensiven Gebetsbeschreibung (vgl. unten I., S. 6, M. Bubers Übersetzung!). Nicht irgendeine Not als Grund seiner Klage, sondern sich selbst als einen Leidenden stellt der Beter Gott vor, er erreicht so eine ungewöhnliche Unmittelbarkeit. Von Vers 4 an nennt der Beter einzelne Züge seines Leidens, stellt aber zugleich jeweils den Bezug zu Jahwe, dem Gott seiner Hoffnung, her: der Klage, daß ihm der Mut und Rat ausgeht (V. 4a), folgt das Bekenntnis, daß Gott sehr wohl Mittel und Wege für ihn kenne (V. 4b), obwohl ihm die Gegner den Weg voll Fallen stellen (V. 4c); der Klage, keine Rolle, keinen Stand in der Gesellschaft zu haben (V. 5a) und ein aussichtloses, weil beziehungsloses Leben zu führen (V. 5b), entspricht der (nicht ausgesprochene) Gebetsgedanke, Gott sehr wohl bekannt und von ihm anerkannt zu sein. So wird innerlich und unausgesprochen der vertrauensvoll-zuversichtliche Schluß des Psalms schon in Vers 4.5 vorbereitet.

Der zweite Abschnitt, der mit der förmlichen Gebetsanrede beginnt, nennt Gott ausdrücklich als einzige Hoffnung des Betenden:

> Du bist mein Anteil im Land der Lebenden.

Dem Beter ist die Gottesbeziehung Daseinsgrundlage und Lebenssinn, so wie im frühen Israel der (ausgeloste) Anteil am Verheißungsland es war (vgl. Erklärung zum *Ps 16!).* Vers 7 und 8 formulieren im steigenden Parallelismus drei Bitten, zu jeder Bitte gehört eine Erhörungsbegründung: der Beter ist „bitterarm", die Gegner sind „zu mächtig"; zuletzt das Dankgelöbnis. Real wird hier etwa die gleiche Situation wie in *Psalm 141* vorauszusetzen sein; „Kerker" Vers 8 ist sicher bildlich zu verstehen. Der vertrauensvolle Schluß bildet einen „Abgesang", aber auch inhaltlich hebt er sich deutlich vom bisherigen Gedankengang ab. Der Beter erwartet nicht ein Wunder vom Himmel; was er erbittet und erwartet ist *menschliche* Solidarität, nämlich die Solidarität derer, die in gleicher Weise wie er beten und danken. Diese Solidarität wird natürlich als unsichtbares Werk Gottes verstanden. Der Gott des Beters schafft also Gutes und kommt zur Herrschaft, indem er die zusammenführt, die zu ihm flehen.

Psalm 143

Ein Klagelied des einzelnen Beters, zugleich Muster einer kompilatorischen (zusammengetragenen) Dichtung: fast jeder Vers läßt sich wörtlich oder mit leichter Variation an anderer Stelle nachweisen. Trotz dieses durch die Tradition vorgegebenen Verfahrens, Gebetsformulare zu verfassen, mangelt es *Psalm 143* nicht an Originalität; der gleiche Satz, von einem anderen in anderem Zusammenhang gesagt, gewinnt eine neue Kraft!

Der Psalm beginnt mit einem doppelten gegensätzlichen Parallelismus: zum Menschen gehört, daß er betet und fleht — zu Gott, daß er *treu* und *gerecht* handelt. Diese Grundbegriffe der alttestamentlichen Frömmigkeit meinen, daß Gott der verläßliche, unbetrügbare, unwiderlegbare, schlechthin unbestechlich richtende Herr ist. Gott will das Gute, und er setzt es gegen das Wollen der Menschen durch — auch wenn man nicht weiß, auf welchen Wegen! Aber kein Mensch ist von dieser Art, ganz das Gute und Rechte zu wollen und auch zu tun — der Beter bekennt sich in Vers 2 mit allen zusammen schuldig. Das verwehrt ihm aber nicht, für das erkannte Gute zu kämpfen und die, die das Gute hindern, als seine Feinde zu sehen, wie er sie auch erlebt (V. 3). Stellt man sich aber wie der Beter der tatsächlich gegebenen Situation, dann kann einen aller Mut verlassen (V. 4), auch die Besinnung auf die Geschichte der Erfahrungen mit diesem Gott (V. 5) hilft da wenig: der Beter verlangt nach einem näheren, innigeren Trost (V. 6). Worin dieser Trost bestehen könnte, zählen die Verse 7—12 auf: in Gebetserhörung und gebethafter persönlicher Gotteserfahrung (V. 7.8a), im Wissen um den „Weg", das ist das Verstehen des Willens Gottes durch die rechte Einsicht (V. 8b.10), aber auch — das ist für den alttestamentlichen Beter die gewisseste Bestätigung — darin, daß die Feinde widerlegt werden, in einer Katastrophe umkommen (V. 9.12). Der abschließende Satz: „Ich bin ja dein Knecht" faßt alles zusammen: das unwürdige Verhältnis des Beters gegenüber dem unbedingten, dem gerechten und treuen Gott und das dienende Verhältnis des Beters gegenüber dem Gott, der das Gute und für den Menschen Heilsame will. Eben dies aber ist die Spannung, der sich der alttestamentlich-jüdische, aber auch der christlich Glaubende ausgesetzt sieht.

IV. Verzeichnis der behandelten Psalmen